MÁS ALLÁ DE LA CORTINA MANCHADA

LA LUCHA DE PROYECTO RESCATE
POR LAS VÍCTIMAS DE LA
INDUSTRIA DE LA ESCLAVITUD SEXUAL

DAVID Y BETH GRANT

Más allá de la cortina manchada
*La lucha de Proyecto Rescate por las víctimas de la
industria de la esclavitud sexual*
Por David y Beth Grant

Impreso en Estados Unidos de América
ISBN: 1-880689-32-4
Derechos de autor 2012 David y Beth Grant y Onward
Books, Inc.

Diseño de la cubierta por KeyArt
Fotografía de la cubierta por David Dobson

A menos que se indique de otra manera, todas las
referencias bíblicas son de la Santa Biblia, Nueva
Versión Internacional, ©1999 por la Sociedad Bíblica
Internacional. Las citas bíblicas marcadas VRV son de
la Versión Reina Valera.

Muchos de los nombres que se usan en este libro
han sido cambiados. Algunas circunstancias e
identidades han sido alteradas, pero no de una
manera que distorsione la verdad de la historia o de la
representación de los personajes.

DEDICATORIA

Al Dr. Charles Greenaway,
mentor en misiones, quien nos desafío a ir con
nuestros puntos fuertes, visión y pasión.

Al Dr. Mark Buntain,
mentor en compasión, quien expuso nuestro
corazón al corazón de Jesús traspasado de dolor
por los pobres de India.

Al Reverendo Curtis Grant,
padre y mentor en el ministerio, quien inspiró a su
hijo a dar generosamente a Dios y a las misiones
desde el momento en que nació.

A nuestras hijas, Rebecca y Jennifer,
quienes han compartido generosamente
su corazón, su fe y sus lágrimas para creer con
nosotros que Dios podía tomar a las hijas más
arruinadas de India y transformarlas en
valientes mujeres de Dios.

CONTENIDO

APROBACIONES

Es un honor para mí recomendar el ministerio de Project Rescue [Proyecto Rescate] en India. David y Beth Grant y el hermano K.K. Devaraj son amigos muy queridos y colegas nuestros en el desafío a estas malvadas tinieblas en nuestro continente. Por gracia de Dios, la vida de miles de mujeres y niñas ha sido afectada eternamente.

Dr. D. Mohan
Superintendente General
Asambleas de Dios de Toda India

Cuando se hace necesario cumplir con un trabajo, con frecuencia Dios lo pone en el corazón de sus siervos. Así es con el ministerio de David y Beth Grant y el Proyecto Rescate, un ministerio a las mujeres y niñas que están esclavizadas en la prostitución en Bombay, India. Los encomendamos por obedecer la voz del Señor pidiéndoles que extiendan una mano a esta gente olvidada.

Dr. Thomas E. Trask
Anterior Superintendente General
Asambleas de Dios de Estados Unidos

En la ocasión en que Proyecto Rescate celebra sus 10 años de ministerio compasivo a las mujeres y a las niñas que están esclavizadas en la prostitución, las Asambleas de Dios honra la marca que este ministerio ha tenido en nuestro movimiento. Dios ha usado este esfuerzo pionero para invadir uno de los males más grandes de nuestro día. Jesús comenzó su ministerio declarando que Él había venido a dar libertad a los cautivos. Proyecto Rescate es un ministerio vital que cumple con el deseo de Jesús de "poner en libertad a los oprimidos". Que en los días futuros el impacto de Proyecto Rescate sea mucho más grande que nunca, gracias al fiel apoyo de los que comparten el corazón de Jesús por las víctimas de la inhumanidad del hombre con las mujeres y las niñas.

Dr. George O. Wood
Superintendente General
Asambleas de Dios de Estados Unidos

Proyecto Rescate, bajo la dirección de David y Beth Grant, ha sido el primer ministerio en preparar un camino de rescate para las mujeres y las niñas que están atrapadas en la industria global del sexo. Esta es una de las pocas organizaciones que ofrecen un cuido capaz de cambiar la vida a las mujeres, niños y niñas que se enfrentan a los horrores del tráfico y la explotación sexual. Mediante una poderosa proclamación de fe en Jesucristo y en su poder para sanar, Proyecto Rescate ofrece esperanza a Eurasia a los que de otra manera no tendrían ninguna esperanza.

Jerry Parsley
Anterior Director Regional de Eurasia
Misiones Mundiales de las Asambleas
de Dios

Proyecto Rescate ofrece esperanza y está cambiando la vida de mujeres que sufren y de sus preciosos hijos en los países por todo el continente de Asia del sur. La pasión de David y Beth Grant se ve y se siente al verlos extender una mano de tierna y amorosa compasión a los miles que han sido degradados y corrompidos. Ellos les han abierto la puerta a la restauración y redención mediante Jesucristo. Es un gran placer unirme a este maravilloso ministerio y a su personal, quienes hacen sacrificios extremos para afectar vidas con el corazón de Dios.

David Burdine
Anterior Presidente de la Junta Directiva
Bethesda Outreach Ministries

Proyecto Rescate nació de un apasionado y verdadero interés y preocupación por los que están perdidos y sufriendo. Siendo que conozco este compasivo ministerio desde sus comienzos, apruebo totalmente el nivel de calidad y ejecución de un programa que está afectando el destino de los que están atrapados en una de las atrocidades más tenebrosas de nuestro día.

David Perkin
Presidente de la Junta Directiva
Bethesda Ministries/Misión de Piedad

RECONOCIMIENTOS

A nuestros valientes colegas de Proyecto Rescate que se han atrevido a confrontar uno de los males más tenebrosos de nuestro mundo para dar esperanza y sanidad en el nombre de Jesús.

A Alton Garrison, Rod Loy y First Assembly of God, North Little Rock, Arkansas, que dieron la primera ofrenda generosa para comprar el terreno para el primer Home of Hope [Hogar de Esperanza] en Bombay.

A Judy Rachels y las mujeres de California del sur que acogieron Proyecto Rescate como suyo y recogieron el dinero para ayudar a rescatar a cientos de mujeres, niños y niñas.

A Jerry Parsley, nuestro Director Regional de Eurasia para las Misiones Mundiales de las AD, que creyó en esta visión y nos dio su bendición para lograrla por fe.

ESTADÍSTICAS *

* *Las siguientes estadísticas representan los cálculos existentes más conservadores.*

- 2 millones de niños y niñas son explotados en el comercio sexual global cada año.

- De los millones que son traficados a través de fronteras internacionales cada año, el 80 por ciento son mujeres y niñas y el 50 por ciento son menores de edad.

- La International Labor Organization [Organización Laboral Internacional] calcula que hay 12,3 millones de personas en esclavitud moderna hoy, incluso la explotación sexual, en cualquier momento dado. Otros cálculos comprenden de 4 millones a 27 millones.

- El tráfico de personas ha llegado a ser una industria global de múltiples billones de dólares en la que el tráfico sexual constituye una gran parte. Se calcula que las ganancias del tráfico sexual llegan hasta los $19 billones al año.[1]

- Un informe de la UNICEF en 2004 calculó que India suministraba el 50% de las niñas que pasaban al tráfico sexual mundial.[2]

- Cada año 12.000 niños nepaleses, la mayoría niñas, son traficados dentro de Nepal o a los burdeles en India y en otros países para la explotación sexual comercial.[3]

- 2,3 millones de mujeres y niñas son prostituidas y/o trabajan como madamas en India.[4]

- Moldavia es la fuente de mujeres y jovencitas traficadas para el propósito de explotación sexual. Se estima que el uno por ciento de aquellas que provienen de Moldavia y viven en el extranjero son victimas del tráfico humano.

- Tantas como 17.500 personas son traficadas a Estados Unidos cada año para el trabajo forzado y la explotación sexual.[5]

INTRODUCCIÓN

Los fundadores de Proyecto Rescate David y
Beth Grant me habían hablado de su trabajo en
India, pero no fue sino hasta que yo conducía
por la Calle Falkland en el centro de la zona
roja de Bombay que comprendí totalmente la
desesperante necesidad para su ministerio. Niñitas
prostituidas—algunas parecían de una edad tan
corta como 10 años—se alineaban a la orilla de
la calle solicitando posibles clientes hombres.
Vestidas con llamativos saris y adornadas con
aretes largos y brazaletes, se podían ver llevando
a sus clientes dentro de los puestos ocultados por
cortinas manchadas.

Para muchos de los que viven en Bombay, la
prostitución es culturalmente aceptable, aunque
los oficiales del gobierno han dado pasos para
reducir la explotación de niñas más pequeñas.
Los taxis, bicicletas, calesas, vendedores en
la calle y cafetines en las aceras operan sus
negocios rodeados por miles de mujeres y niñas
en prostitución. Por siglos la prostitución ha
prosperado en la Calle Falkland, y ha llegado a ser
parte de la atracción que tiene la ciudad para los
visitantes internacionales.

Según Paul y Melodye Dixon, nuestros
anfitriones en Proyecto Rescate, más allá de las

cortinas manchadas hay túneles y escaleras que conducen a miles de puestos. Mujeres y niñas—todas atrapadas en la red de prostitución—se inclinan por las ventanas de los altos edificios cuando conducimos por la calle. Una joven ve nuestro vehículo y nos hace señas que paremos. Yo pregunto si es seguro salirnos del auto y explorar a pie. Nuestro conductor dice firmemente: "No".

Después me entero de que en este distrito los occidentales han sido *ahuyentados con cuchillos en mano*, especialmente si los dueños de las mujeres prostituidas sospechan que son periodistas o investigadores que podrían perjudicar su negocio.

Yo miré a mi hija Lindsay, de 17 años de edad, que estaba obviamente perpleja ante esta escena horrible. Esta es su primera visita a un país en desarrollo como India, donde abundan la desesperante pobreza y el abuso.

"Papá", me dice ella, "estas chicas son casi de la misma edad que mis hermanas".

"Es trágico", contesto yo. "Es difícil creer que esto en realidad les está sucediendo a estas chicas".

Falkland está débilmente alumbrada, aunque los faros de los automóviles en medio de un tapón de tráfico enfocan fantasmagóricamente a las chicas. En medio del incesante sonar de las bocinas y de los gritos de las apretadas muchedumbres de peatones, se me sube el enojo. Se me recuerda que estas chicas no han decidido ser esclavas del sexo;

ellas son víctimas de la codicia, de la lujuria, del prejuicio ... y del secuestro.

La Calle Falkland es un epicentro de explotación, me digo a mí mismo. Aquí se devalúa la vida humana. Los débiles son explotados. Los indefensos son devorados.

HIJOS DE MUJERES PROSTITUIDAS

Cuando la desesperanza amenaza arrancarme las lágrimas de los ojos, entramos al complejo de un inocuo edificio de estuco. Se me informa que estamos a punto de conocer a algunos de los niños de mujeres en prostitución que viven bajo el cuido de Reto Juvenil de Bombay (RJB)* y de Proyecto Rescate. Somos conducidos por las escaleras hasta el tercer piso a un cuarto abierto. Al entrar por la puerta, casi 100 niños sonrientes irrumpen en aplauso. Sentados en filas ordenadas en el suelo, esperan las instrucciones de la maestra. Ella les pide que se presenten a nosotros. Uno a uno, vienen y nos dan un apretón de mano y cortésmente nos dicen su nombre:

"Asa".

"Buta".

"Nita".

"David".

A medida que la sucesión de nombres y

apretones continúan, me admiro de lo afortunados que son estos niños. Se han escapado del burdel a un lugar donde tienen cama, ropa, comida, agua y atención médica. Además, están siendo educados y están aprendiendo acerca de Jesús; sin mencionar el genuino amor y cuido que reciben de los que trabajan con ellos.

¿Pero qué de los miles que esperan afuera de las paredes de este complejo? me pregunto yo. *¿Qué de los niños que viven en los puestos de su madre y no tienen ninguna salida? ¿Qué necesita suceder para que ellos también puedan ser rescatados?*

Algunos de los niños están tan débiles que yo los podría acunar amorosamente en uno de mis brazos, como lo había hecho con cada una de mis cuatro hijas cuando eran bebés. Pero estos niños son mucho mayores y ya deberían ser más grandes y más fuertes.

Le pregunto a la maestra si algunos de estos niños tienen SIDA. Ella asiente con la cabeza. "Sí … muchos".

Es difícil comprender que algunos de estos niños no vivirán para experimentar la vida de adultos.

La maestra principal invita a los niños que canten algo especial. Se paran en atención como un coro en espera de la señal del conductor. Ella toca el botón de una antigua tocadora de casete y seis niñas pequeñas pasan adelante y comienzan a bailar al son de la música.

DE LAS CALLES

La maestra nos interpreta la letra. "Están cantando 'Sin Su amor no somos nada; no tenemos nada sin Su amor'".

De repente me encuentro luchando contra lágrimas de gratitud, pues estos niños verdaderamente han sido rescatados de las garras del enemigo. Ya él no reina en la vida de ellos. Ya no puede amenazar su futuro con la pobreza, la enfermedad y el abuso.

La maestra pide a tres de los niños que pasen a dar su testimonio.

El primer niño dice que a los 10 años él vivía solo en las calles. Tomaba drogas, bebía alcohol y olía pegamento para acallar el hambre. Robar llegó a ser su modo de vivir. K.K. Devaraj, director de RJB-Proyecto Rescate en Bombay, encontró al niño en una estación de trenes y lo llevó al centro. El niño dice que hace tres años él entregó a Jesús su vida en el centro y que quiere seguirlo por todo el resto de su vida. "Yo amo a Jesús", él dice, "porque Él me encontró y me salvó".

Una niña de 9 años se acerca y nos habla como si fuera adulta. Ella señala a su hermana que también reside en el centro. Su madre está esclavizada en la prostitución y, antes de llegar al centro, fue obligada a mendigar comida y dinero en las calles. Ella dice que Jesús le cambió la vida y le dio esperanza.

La maestra dice que cuando se abrió el centro por primera vez, los niños regresaban con las madres cada mañana y vivían debajo de las camas en los puestos. Pero ahora viven en el centro todo el año. A las madres se les permite visitar a sus hijos dos veces al mes.

La maestra dice: "Muchas veces los niños lloran cuando oran por su madre. Quieren que ella conozca a Jesús como lo conocen ellos. Se dan cuenta de donde salieron y están llenos de gratitud por que el Señor los ha salvado".

A Lindsay y a mí nos invitan que oremos por los niños. Yo les pido que expresen su agradecimiento a sus maestras, a K.K. Devaraj, a los Dixon y a los Grant por su amor y compasión.

Los niños irrumpen en aplauso otra vez.

UNA ORACIÓN MEMORABLE

Al comenzar a orar, los niños levantan las manos y fervorosamente buscan al Señor como lo hacen los adolescentes en un reunión de jóvenes en los Estados. Puedo sentir la poderosa presencia de Dios. Es como si Dios estuviera sentado en su trono con los ojos fijos en este aposento alto. Estos niños han experimentado el poder de la oración y la milagrosa obra de Dios a una edad muy temprana.

La maestra les pide a los niños que oren por

Lindsay y por mí. Prontamente los niños nos rodean y nos ponen las manos. Una niña pequeña ora con autoridad, dándole gracias a Dios por traernos a visitarlos. Le pide al Señor que nos proteja y que use nuestra vida para ayudar a otros niños en India.

Cuando estamos recogiendo nuestras cosas para salir, los niños nos rodean para despedirnos. Algunos no se conforman con un apretón de mano—prefieren abrazos. Esto me recuerda que algunos de estos niños nunca han sentido el abrazo de un padre ni de una madre.

Al descender las escaleras, yo le doy gracias al Señor por tener tanto amor por estos niños que Él llamó a David y a Beth Grant, a K.K. Devaraj y a otros para comenzar la obra de Proyecto Rescate. Como resultado, miles de vidas están siendo salvas y la esperanza ha vuelto a la zona roja de la Calle Falkland.

En los días siguientes, yo habría de conocer a docenas de anteriores mujeres prostituidas cuya vida fue cambiada por el poder de Cristo y la compasión de sus seguidores. Conocí a madamas que dejaron su burdel para seguir una relación con Cristo. Entrevisté a los obreros de Proyecto Rescate que han dedicado su vida a ofrecer la esperanza de salvación y la promesa de una nueva vida a las mujeres prostituidas y a sus hijos.

Tres días en Bombay me dejaron con una miríada de emociones y preguntas.

La crisis del tráfico de esclavas del sexo ya no era algo que yo podía ignorar; ahora tenía un rostro. Miles de rostros jóvenes, inocentes. Yo entendí por qué David y Beth Grant y otros se sentían impulsados a viajar por todo Estados Unidos y por todo el mundo para reunir a los creyentes a la causa de rescatar a niñas de las garras del enemigo. Proyecto Rescate está cumpliendo con el mandato de Isaías 58:6: "El ayuno que he escogido, ¿no es más bien romper las cadenas de injusticia y desatar las correas del yugo, poner en libertad a los oprimidos y romper toda atadura?" *Más allá de la cortina manchada* es un llamado a la acción. Como dijo el afamado misionero David Livingstone: "La compasión no es sustituto para la acción". Es mi oración que cuando los lectores terminen de leer este libro tomen esta batuta y le pidan al Señor qué es lo que Él quiere que hagan para rescatar a niñas y mujeres para la eternidad.

Este libro enojará a algunos lectores; hará que otros derramen lágrimas de tristeza. Pero, lo más importante, espero que provoque a los creyentes para volverse a dedicar a la Gran Comisión, rescatar a los perdidos y elevar su voz en esta protesta contra la injusticia.

—Hal Donaldson

* Reto Juvenil de Bombay (RJB) es un ministerio de Reto Juvenil Internacional. RJB trabaja en asociación con Proyecto Rescate para restaurar y rescatar a las víctimas de la esclavitud sexual en Bombay.

"*La pobreza más terrible es la soledad y el no sentirse amado.*"[1]
—Madre Teresa

CAPÍTULO UNO

SÁBADO POR LA NOCHE

A la puesta del candente sol en Bombay, India, la zona roja de la ciudad despertaba. Como maniquís en las vitrinas de los almacenes, miles de jovencitas adornadas con saris y joyería de colores brillantes tomaban su puesto en las calles. Sus madamas y sus dueños merodeaban de cerca, para estar seguros de que las jóvenes estaban trabajando para atraer a los posibles clientes. Para las chicas, el no cumplir con la cuota del día resultaría en ser privadas de comida, torturadas y encarceladas.

Sumi, de quince años de edad, abrió la cortina manchada de su puesto en la Calle Falkland. Ella atisbó a un cliente de mediana edad y lo vio entregarle a la madama el pago por sus servicios. La joven, esclava sexual desde hacía ya 6 años, esperaba que este cliente—su noveno—fuera el último del día. Ella oraba que el negocio fuera lento y que la madama la soltara de su puesto para asistir al culto de la iglesia del sábado por la noche que celebraba RJB-Proyecto Rescate.

Cuatro jóvenes, incluso Sumi, nos recibieron a la puerta de la iglesia que está en la zona roja. A tres de las jóvenes sus padres las vendieron a la prostitución. La otra mujer, un poco mayor, una vez era la madama de un burdel. Después que conoció a Cristo, ella compró su libertad de la profesión y comenzó a trabajar con Proyecto Rescate. Las tres jóvenes asisten regularmente al culto de los sábados por la noche, aunque no han sido suficientemente afortunadas para poder escapar del burdel.

"Hola señoritas", dijo Beth Grant, admirando sus saris anaranjados, rojos y amarillos.

Las cuatro jóvenes sonrieron ampliamente.

"Hola, tíos", respondieron ellas.

David Grant las saludó con la cabeza.

Para las jóvenes como Sumi, el culto de los sábados por la noche en la iglesia es un indulto de las cadenas del abuso y del descuido.

Alegre música irrumpió dentro de la iglesia en el local que Proyecto Rescate y Reto Juvenil de Bombay alquilan todos los sábados por la noche. Las jóvenes desfilaron detrás de nosotros y tomaron asiento.

Los ventiladores en el techo giraban a toda velocidad para combatir el calor, pero aun así gotas de sudor nos cubrían la frente. Todos los asientos estaban ocupados—mayormente por mujeres que habían estado o que están

esclavizadas. Algunas de las jóvenes habían
sido secuestradas en Nepal, transportadas a
Bombay y obligadas al negocio. Algunas habían
sido vendidas por sus padres a los procuradores
porque necesitaban dinero para comprar comida
y semilla para sus siembras. Y otras habían
llegado a Bombay con la falsa promesa de recibir
una educación y un trabajo con buen pago. Sin
importar cuál sea la historia de cada una, ellas no
estaban en prostitución por su propia voluntad.
Aunque todas eran hijas de Dios, también eran
víctimas de los hombres.

Al comenzar el culto, la letra del canto "Espíritu
Santo, te recibimos en este lugar" rebotaba contra
las paredes y resonaba por toda la comunidad
hasta los mismos burdeles de donde habían venido
estas jóvenes.

El grupo de alabanza era dirigido por un joven,
Steven, quien ministraba desde su silla de ruedas.
Él llegó a Bombay unos años atrás en busca de
una religión oriental que lo pudiera sanar de su
parálisis. Él se encontró con K.K. Devaraj, director
de RJB-Proyecto Rescate. Devaraj dijo que no
podía prometerle sanidad física, pero que podía
prometerle sanidad espiritual. Steven aceptó al
Señor y desde entonces trabaja al lado de Devaraj.

Steven invitó a las mujeres a pasar adelante si
querían oración especial. Más de la mitad de las
asistentes pasaron al frente.

Los hijos de las mujeres prostituidas, que viven

en el centro de Proyecto Rescate, estaban sentados en un grupo al lado izquierdo del santuario. Varios se llenaron de gratitud al ver a su madre pasar al frente para recibir oración especial.

Una niña pequeña siguió a su madre hasta el frente.

LÍNEA DE ORACIÓN

Algunas de las mujeres mayores también pasaron al frente. Cuando las mujeres pierden su utilidad en los burdeles, ellas son desechadas como ropa no deseada. Muchas víctimas de la esclavitud sexual mueren de SIDA antes de los 40 años de edad. Las que sobreviven son relegadas a una vida de pobreza, viven en las calles hurgando en la basura en busca de comida y agua limpia para beber.

Se calcula que 5 millones de personas viven en las calles de Bombay, y que miles de ellas anteriormente estaban prostituidas. Duermen a la orilla de las calles y en casuchas. Mientras tanto, algunas partes de la ciudad se jactan de tener los más novedosos centros comerciales y rascacielos empresariales. Bombay es una ciudad donde los ricos y los pobres coexisten, donde se pueden ver automóviles Mercedes Benz y calesas lado a lado.

Algunas de las mujeres mayores que pasaron al frente arrastrando los pies vivían en las calles. Iban harapientas y andrajosas; tenían la piel arrugada y reseca por estar expuestas al sol día tras día. Pero las mujeres sabían que aquí estaban seguras; Dios no veía su exterior. Él veía su corazón. Levantaban las manos en oración al Dios que les dio esperanza. Algunas sin duda oraban que Dios las liberara de la tiranía de su pasado y del dolor de su presente.

K.K. Devaraj y su esposa, Latijia, estaban entre los que ungían con aceite a las mujeres. Algunas se limpiaban las lágrimas de sus ojos con mantos que, por tradición, les cubrían la cabeza siempre que entraban a una iglesia.

En contraste, una de las jóvenes que permanecieron en su asiento llevaba puesto un bello sari. Tenía el oscuro pelo recogido en una ordenada coleta y tenía la piel color de cobre muy suave. Era obvio que alguien—quizás una madama o un dueño de burdel—la había cuidado muy bien. Tenía los ojos cerrados como si estuviera orando o tratando con los candentes interrogantes asociados con su vida. Quizás temía lo que le esperaba al regresar al burdel después del culto.

Dos mujeres llegaron al culto apretando contra el pecho a sus recién nacidos. La mayoría de las veces no saben quién es el padre; simplemente saben que es uno de los muchos extraños que han pagado por sus servicios. La madre sólo puede tener la esperanza de que el bebé no haya contraído VIH.

La sesión de oración siguió por más de media hora. Nadie tenía prisa. Las mujeres no tenían ningún deseo de darse prisa para volver a los burdeles. No las esperaban postres, episodios de televisión ni amorosas familias.

Cuando las mujeres volvieron a sus asientos, la música irrumpió con el sonido de pandereta, batería y piano eléctrico. Todos daban palmadas y cantaban: "Estamos contentos a los pies de Jesús. El diablo se va corriendo porque Dios nos da la victoria". Los niños bailaban en los pasillos. Un joven, que había sido drogadicto y alcohólico, clamaba a Dios con el rostro en el suelo. Hijo de una esclava sexual, él estaba estudiando para ser ministro del evangelio.

El gozo que llenaba el santuario era un marcado contraste con la miseria del burdel. Aquí estas mujeres eran trofeos de la gracia de Dios. En los burdeles eran simplemente objetos para satisfacer la lujuria de los hombres. Aquí celebraban la gracia y la misericordia de Dios. Allá recibían insultos y abuso.

Steven comenzó a cantar palabras que tenían profundo significado para cada una de estas mujeres: "La maldición que había en nosotros ha sido desecha y ahora hacemos huir al enemigo".

Un hombre entró torpemente durante la música y se sentó en la fila de atrás. Llevaba ropa muy sucia y estaba desmelenado. Pero aunque estuviera borracho o endrogado, aquí era bien recibido. Devaraj y su grupo tienen mucha experiencia para tratar con hombres y mujeres que están luchando con adicciones.

EL MENSAJE

Devaraj pasó al micrófono para dar el mensaje como lo había hecho muchas veces antes. Los ojos de las mujeres estaban puestos en su pastor y en la cruz de madera que estaba en la pared detrás de él.

"Jesús te ama", predicaba Devaraj. "Él dio *su* vida para que tú pudieras tener vida eterna con Él en el cielo. Él está aquí ahora mismo. Él sabe por lo que estás pasando y Él te va a ayudar a vencer. Confía en Él. Ora a Él todos los días. Entrega a Él tu vida. Deja que Él te sane. Deja que Él te bendiga a ti y a tus hijos. Él te dará paz, esperanza y fortaleza."

Al concluir el mensaje, Devaraj invitó a las mujeres a pasar al frente para recibir salvación y sanidad. No era necesaria ninguna persuasión ni manipulación. Inmediatamente los asientos quedaron vacíos y el frente del santuario se llenó de hombres y mujeres en busca de un toque de Dios. Esa noche cinco mujeres y un hombre recibieron a Jesucristo como su Salvador personal.

Sentada unas filas enfrente de nosotros, una joven adolescente que llevaba bluyines y una blusa muy de moda cautelosamente pasó a la línea para recibir oración. Ella no había participado activamente en el culto de adoración, aunque escuchó atentamente el mensaje. Ella fue una de los que aceptó a Cristo.

Al final del culto, se sirvió la Santa Cena. Muchas de las mujeres la tomaron, pero otras se abstuvieron de tomarla. Aunque habían recibido el don del perdón de Cristo y habían decidido seguirlo a Él, sentían que no podían participar de los símbolos del sacrificio de Cristo hasta que fueran liberadas de los burdeles.

Nosotros hemos aprendido que aquí la salvación con frecuencia es un proceso. Las mujeres van en un viaje hacia Cristo, alejándose de sus religiones y supersticiones culturales. Se tienen que quitar las capas de esclavitud, lo que a veces les toma tiempo. Las cicatrices emocionales son profundas y la influencia demoníaca es fuerte. La oración por liberación frecuentemente ocurre cuando una joven comienza a asistir a los cultos semanales de la iglesia.

Quisiéramos que fuera algo tan sencillo como hacer una redada en los burdeles y acompañar a las víctimas a un lugar seguro. Pero eso es muy peligroso. Pondría en peligro a las víctimas y a los obreros de Proyecto Rescate. En vez de eso hemos aprendido a adoptar un método de largo plazo, creyendo que el amor de Jesús llegará dentro de los burdeles y encontrará un medio para ayudar a las mujeres y a sus hijos a escapar de su vida de esclavitud y comenzar una nueva vida en uno de los hogares de Proyecto Rescate, que siempre están en expansión.

LLAMADA A LA MEDIANOCHE

En 1997, David recibió una llamada telefónica de K.K. Devaraj a la medianoche. Devaraj había celebrado cultos en la zona roja de Bombay y muchas mujeres le pedían que sacara a sus hijos de los burdeles y que los llevara a una vida mejor. Con lágrimas Devaraj le preguntó a David si podían comenzar un centro para niños. David sintió que Dios le decía: "Sí". Ese fue el comienzo de Proyecto Rescate. El primer centro se estableció ese año en Bombay, donde las necesidades físicas y espirituales de los niños serían subsanadas. Se cuidarían como si fueran nuestros. En ese tiempo no sabíamos lo que Dios tenía en reserva para nosotros y para Proyecto Rescate, pero pronto nos dimos cuenta de que este era el ministerio para el que Él nos había estado preparando por muchos años.

PROPUESTA DE MATRIMONIO

Cuando Brian, el primer esposo de Beth, murió, ella quedó viuda a los 25 años de edad. Ella era parte del personal pastoral de una iglesia en

Wilmington, Delaware.

David había ido a India a la edad de 21 años y había trabajado con los legendarios misioneros Mark y Huldah Buntain. A la edad de 17 años, David le prometió a Dios que daría cada uno de sus días y cada uno de sus dólares a la obra del Señor. Él hizo voto de no casarse hasta tener por lo menos 30 años de edad, así que se dedicó a las misiones.

David y Brian eran amigos. De modo que durante más de un año después de la muerte de Brian, David llamaba por teléfono a Beth regularmente para estar seguro de que ella estaba bien.

Una noche David oró: "Señor, estoy dispuesto a permanecer soltero el resto de mi vida. Pero si es tu voluntad que yo me case, yo tengo una recomendación. Hay una viuda joven en Wilmington que se llama Beth con quien me gustaría casarme".

Esa noche él tuvo la sensación de que Dios estaba bendiciendo el deseo de su corazón. Llamó por teléfono a su padre y le dijo: "Papá, me voy a casar".

"¿Con quién?" preguntó el padre de David.

"Bueno, hace un año que no la veo. Y la última vez que la vi, estaba casada. Su esposo murió. Pero voy a tomar un vuelo para pedirle que se case conmigo."

Poco después, David se encontró en un vuelo

para Filadelfia para almorzar juntos.

Sentado a la mesa frente a Beth, David le dijo: "Yo sé que esto te va parecer extraño, pero yo he estado orando que si es la voluntad de Dios, me gustaría casarme contigo. Esta en realidad no es una propuesta oficial. Sólo estoy aquí para marcar el terreno, por si alguien viene, tú le puedes decir que ya estás comprometida".

Llena de sorpresa, Beth contestó: "Bueno, tú tienes derecho a tu opinión".

Sin inmutarse, David prometió escribirle todos días desde India para demostrarle que le hablaba en serio.

Seis meses después, David oficialmente le propuso matrimonio. Y nueve semanas después estaban casados y en camino a India.

VALOR DE LA MUJER

La primera vez que David subió al púlpito en India para presentar a su esposa, él anunció que Beth había sido viuda. Él casi podía oír el grito ahogado colectivo de los presentes. Hasta algunos de los pastores se veían alarmados. En algunas culturas indias tradicionales, la vida de una viuda se considera haber terminado. Ella es marginada, es un mal agüero. Su simple presencia indica muerte. Su identidad se perdió al morir su esposo. Y si no tiene ningún hijo varón a quien ella pueda servir, es maldecida.

La mañana siguiente, David se reunió con los líderes y los pastores. Él leyó pasajes bíblicos en los que Dios prometía amparar y proteger a las viudas. El poder de Dios cayó en ese salón. Los pastores comenzaron a llorar y a pedir perdón. Prometieron cuidar de las viudas como Dios se los había ordenado—no como la cultura enseñaba.

Con el tiempo, el valor de las mujeres en la iglesia cambió. Beth llegó a ser un símbolo de fortaleza y del recién descubierto valor para las mujeres de la iglesia en India.

A través de los años, algunos pastores en India han dicho que oraban para que David y Beth tuvieran un hijo varón. En respuesta, David decía: "No, pídale a Dios que me dé hijas". Esto llegó a ser un ejemplo para muchos en India.

Así que cuando los llamó a Proyecto Rescate y a la obra de liberar a las jóvenes de la esclavitud de la prostitución, eso fue una progresión natural. Ellos ya habían comenzado a ir en busca de la defensa del valor de las hijas y de las mujeres— ayudar a que otros las vean como Dios las ve.

Junto con K.K. Devaraj, ellos lanzaron Proyecto Rescate en Bombay en 1997. Poco sabían de lo que Dios tenía preparado para el ministerio. Sólo sabían que estos niños eran preciosos para Dios y que centenares de miles necesitaban ser rescatados y presentados al Salvador.

"La vida humana es un regalo de nuestro Creador—y nunca se debe poner en venta".

"Se necesita una clase especial de depravación para explotar y hacer daño a los miembros más vulnerables de la sociedad".

"Los traficantes de seres humanos roban a los niños su inocencia; los exponen a la peor vida antes de que hayan visto mucho de la vida".

"Los traficantes destrozan a las familias. Tratan a sus víctimas como si no fueran nada más que mercancía y posesiones para vender al que más les pague."[1]

—George W. Bush

CAPÍTULO DOS

EL LEGADO DE AMMA

Amy Carmichael, mejor conocida en India como Amma (que en tamil quiere decir madre), fue la pionera en el ministerio a las esclavas del sexo. Aunque ella comenzó su ministerio hace más de 100 años, es su camino el que nosotros seguimos en la obra de ayudar a las jovencitas atrapadas en la esclavitud sexual.

Históricamente, el sexo era una forma de adoración. A veces hasta era de requisito. Un hombre tenía sexo todos los días como parte de su adoración diaria. No era raro que un hombre fuera al templo local para tener sexo. Las familias daban al templo a una de sus hijas, normalmente a la edad de 12 años, como una ofrenda a los dioses. Al hacerlo, creían que serían bendecidas.

Muchas niñas eran esclavizadas sexualmente, y todavía lo son a edades mucho más cortas. Algunas niñas, entonces y ahora, son de tan corta edad como 7 años.

En 1901 en una aldea en India del sur vivía una niñita llamada Preena. Como la mayoría de los niños, a ella le encantaba correr por la aldea y jugar con los otros niños. Pero ese día ella no corría por diversión; corría para salvar su vida ... y para retener su inocencia. Los hombres que la perseguían la querían para tener sexo.

Con las manos juntas y apretadas contra el pecho, sus frías lágrimas caían sobre las quemaduras que acababa de recibir. Ella conocía muy bien este dolor. Una vez antes le habían marcado las manos cuando se escapó.

Desesperada por recibir ayuda, la sollozante niña logró llegar a una pequeña iglesia. Ahí ella encontró refugio en los brazos de una mujer que ella conocía solamente como Amma. Aunque Preena no tenía ni idea de dónde había venido Amma, una misionera irlandesa, ella se sintió segura y sin peligro. Pero esos sentimientos fueron breves.

"Saque a la niña", exigió un grupo de airados aldeanos. "Ella nos pertenece a nosotros".

La confrontación con los aldeanos pondría la vida y el ministerio de Carmichael en un nuevo curso. Ella había llegado a India para compartir el evangelio. Pero cuando se paró en defensa de la niñita, ella se dio cuenta de que la mejor manera de hacer eso era protegiendo a Preena. Con valentía, se negó a entregársela a los aldeanos.

Pronto después, Carmichael comenzó a tomar

más niños bajo su cuido. En el espacio de 12
años ya cuidaba a 133 niños y había establecido
Dohnavur Fellowship en el extremo sur de
India. Durante los siguientes 55 años de su vida,
Carmichael rescató a casi mil niños de situaciones
similares a la de Preena. "A veces era como si
veía al Señor Jesucristo arrodillado solo, como
se arrodilló hace mucho tiempo bajo los olivos",
escribió Carmichael. "Y lo único que el que se
interesa podía hacer, era acercarse silenciosamente
y arrodillarse a su lado, para que Él no estuviera
solo en su angustia por los niñitos".[2]

Esa ilustración tan evocadora era característica
de los escritos de Carmichael, que llegaron a
incluir 35 libros traducidos a 15 idiomas. Cuando
otros escritores ingleses bien conocidos, como
Kipling y Forrester, captaban las cosas de la vida
india, Carmichael daba vida a los problemas
espirituales entre los millones de residentes del
subcontinente.

Aunque Carmichael atendía toda una serie de
necesidades entre los niños empobrecidos, ella
concentró muchos de sus esfuerzos en rescatar a
las jóvenes prostituidas de los templos. Conocidas
como *devadasi*, estas niñas eran vendidas por las
familias a los templos locales y eran "casadas"
con los dioses hindúes. La palabra *devadasi* quiere
decir "siervas de dios". Hace muchos siglos, las
devadasi eran célibes y hacían las ceremonias y
los quehaceres en los templos. Pero su trabajo se

degeneró al de esclavas sexuales.[3]

Ya en el siglo 6 D.C., la práctica de dedicar a las niñas a los dioses hindúes estaba arraigada. Carmichael llegó a India en 1895 y pronto descubrió la práctica durante su ministerio itinerante entre las aldeas alrededor de Bangalore. El corazón le dolió cuando descubrió que las niñas pequeñas eran tan horriblemente abusadas con el consentimiento de las familias y de las comunidades. Como seguidora de Cristo, ella sabía que tenía que ayudar.

REVISIÓN DE LA REALIDAD

Prácticas similares, como las que Amy encontró, todavía existen en los burdeles por todo el sur de Asia. Atrocidades horribles, como violación y tortura, siguen siendo impuestas en niñas pequeñas. La perversa práctica de la esclavitud sexual viola todos los aspectos de la víctima, dejando atrás una devastación casi total. No es sólo su cuerpo—son sus emociones; es su mente; es su espíritu—todos han sido traumatizados, dejando poca apariencia de normalidad. Para que un ministerio sea eficaz, debe dirigirse a cada una de las dimensiones de la persona. Jesús hizo eso. Su ministerio era holístico, tocaba el cuerpo, el corazón, la mente y el espíritu. Con Jesús como nuestro ejemplo, Proyecto Rescate lucha por hacer lo mismo.

En muchas maneras, Proyecto Rescate y otras organizaciones con misiones similares simplemente continúan el trabajo de Amma. Pero, como una pandemia, la esclavitud sexual de niñas se está expandiendo. Para detener la marea, será necesario que reconozcamos el problema y nos eduquemos. Nos será necesario pararnos firmes contra las fuerzas del mal y en oración contar con el poder del Espíritu Santo. Y será necesario que los cristianos, los gobiernos y las agencias descubran maneras de trabajar juntos.

UNA NOVIA JOVEN

Durgamma tenía 12 años el día de su boda. Durgamma marchó orgullosamente por los blanqueados arcos del templo de Uligamma, hacia las orillas del río Tungabhadra. Los ojos de sus parientes, amigos y vecinos estaban fijos en la joven novia.

Cerca de un puente que se extiende sobre el Tungabhadra, un sacerdote aceptó la cabra que la familia de Durgamma había traído. Con un rápido golpe de la navaja, él sacrificó el animal a Uligamma la diosa del templo. La sangre de la cabra goteaba al río donde cientos de adoradores se bañaban.

Durgamma pacientemente se sometió a sus parientas mientras éstas le ponían una pasta de sándalo en el cuerpo y luego la bañaban en el río. Después la vistieron con un sari blanco y una blusa blanca, ella escuchó al sacerdote de alta casta salmodiar y orar en sánscrito, el antiguo idioma de las escrituras hindúes. Al concluir sus oraciones, el sacerdote le roció una amarillenta mezcla de pasta de cúrcuma y agua sobre la cabeza y ella sintió el refrescante líquido corriéndole por la espalda.

Durgamma caminó al templo, donde un sacerdote le puso al cuello un reluciente collar de cuentas rojas y blancas ensartadas en hilo color de azafrán. Pero ningún novio salió a recibir a su novia. A Durgamma la estaban casando con la diosa del templo; pasaría su vida como una *devadasi*, una prostituta del templo. Los sacerdotes enseñan que el espíritu de Uligamma entra al cuerpo de Durgamma. Durante el resto de su vida, cuando los sacerdotes y otros hombres duerman con ella, no será con Durgamma, sino con la diosa. Son los deseos de la diosa los que los hombres deben aplacar.[4]

"Esta simple palabra, *devadasi*", dijo a World Vision [Visión Mundial] el Dr. I.S. Gilada, uno de los más prominentes activistas contra el SIDA y secretario honorario de la Organización de Salud en India, "es una etiqueta que condena de 5.000 a 10.000 niñas cada año a una vida de esclavitud sexual y subsecuentemente a la prostitución".[5]

En los días de Carmichael, el rito de boda era mucho más prominente que hoy y ella luchó contra ello a gran riesgo personal. Una vez Carmichael rescató del templo a una niña de 5 años de edad, pero la sorprendieron en el acto. Carmichael se vio ante una sentencia de siete años de prisión, pero milagrosamente retiraron las acusaciones sin ninguna explicación.

Ella se vio ante otras dificultades que oscilaban desde airadas confrontaciones hasta una debilitadora condición de salud llamada neuralgia, un padecimiento de los nervios que le causaba gran debilidad y la mantenía en cama por semanas completas. Aunque la enfermedad física y las confrontaciones pueden surgir en la vida de la mayoría de la gente, Amy estaba convencida de que estaba en guerra contra un enemigo espiritual determinado a descarrilar los planes de Dios para rescatar a niñas pequeñas de la prostitución del templo.

"David y Beth, debemos ir por este camino", dijo Andrew McCabe, misionero en India durante toda su vida, cuando le hablamos de nuestra visión para Proyecto Rescate. "Pero debo decirles, no hay nada más demoniaco y tenebroso en esta nación que esto. Si vamos por este camino, el diablo nos va a atacar. Este esfuerzo podría costarles todo, pero, como ustedes ya saben, es el deseo del corazón de Dios que hagamos su voluntad sin importar lo difícil que sea el desafío."

Como predijo Andrew McCabe, después de pocos días de haber lanzado Proyecto Rescate, nos encontramos con una guerra espiritual que amenazaba detener el ministerio.

EL ACCIDENTE

Beth y nuestras hijas estaban listas para tomar un vuelo a Bruselas, Bélgica desde Bangalore, India después de nuestra reunión con McCabe y otros del personal. Como habíamos hecho muchas veces antes, amontonamos las maletas en la furgoneta y nos montamos. Yo iba acompañando a mi familia al aeropuerto—aunque me iba a quedar en Bangalore por corto tiempo.

Conducíamos a una velocidad normal y con cuidado de que ningún peatón, carreta o motocicleta se nos metiera al frente de repente, como sucede comúnmente en India. Al lado del camino, yo vi a un niño y a una niña esperando cruzar la calle. Parecían tener la edad suficiente como para saber que no debían correr frente a los automóviles. De alguna manera, los niños en las naciones en desarrollo tienen una habilidad innata de deambular cerca del peligro o del tráfico sin recibir ningún daño.

Pum. Fue un sonido horrible, de los que sólo se oyen cuando un cuerpo humano cae al pavimento o es golpeado por maquinaria que viaja en velocidad.

Nuestro conductor frenó y se hizo a un lado del camino. Beth agarró a nuestras hijas y las empujó hacia el suelo de la furgoneta y comenzó a orar.

Aunque no sabíamos qué o a quién habíamos golpeado, los dos inmediatamente nos dimos cuenta de la gravedad de nuestra situación—tanto para el niño como para nosotros. Sabíamos por las cuentas de noticias, que personas habían sido golpeadas y vehículos se incendiaron en escenas de accidentes por atropello de un niño.

Yo salté de la furgoneta para ver qué o a quién habíamos golpeado. Sentí que el corazón me dejaba de latir cuando reconocí a la niñita que había visto parada al lado del camino. No tenía más de 4 años.

Cuando me uní al grupo que la rodeaba, un murmullo de incredulidad emanaba de todos ellos. Sus familiares le palpaban su cuerpecito diminuto para ver si había huesos quebrados, heridas, chichones … todo para encontrar daños. Ella no parecía sentir ningún dolor.

"Ella está bien", anunció uno de los hombres. "No tiene nada malo."

Un anciano que había estado parado en la mediana todo el tiempo me dijo: "Señor, usted acaba de ver obra de Dios".

Anonadado, yo sólo pude pronunciar una sola palabra:

"Amén."

Me volví a subir a la furgoneta dándole gracias a Dios porque Él le había salvado la vida a la niñita. Sin decirlo, los dos sabíamos que la guerra espiritual había comenzado y que Dios había prevalecido. Sabíamos que Él había intervenido sobrenaturalmente. La batalla para salvar la vida de miles de niñas a través de Proyecto Rescate había comenzado.

AMY EN REPOSO

Amy Wilson Carmichael, después de 55 años de servicio, partió para estar con el Señor el 18 de enero de 1951. Fue enterrada en su jardín al lado de algunos de los niños que ella había rescatado, que luego después habían muerto de enfermedades. Aunque ella pidió que no se pusiera ninguna lápida en su tumba, sus niños pusieron una pila para pájaros que tenía escrita una sola palabra: "Amma".

Amma dedicó su vida a servir a los niños de India. Fue un llamado que exigió de mucho sacrificio, dedicación y confianza en Dios. Ella sabía que estaba en guerra con los poderes de las tinieblas. Los que seguimos sus pasos hemos entrado a la misma lucha por las víctimas de la industria de esclavas del sexo. Nosotros también estamos en guerra con un enemigo que esclaviza a las niñas y ataca a los que acuden a rescatarlas.

Como Amy, oramos todos los días pidiendo la protección, dirección y bendición de Dios. Este no es un ministerio casual que se puede emprender a la ligera. Esta es una batalla hasta la muerte por la vida de las mujeres y niñas que no pueden luchar por sí mismas.

"Yo he visto los resultados de esta horrorosa violación de los derechos humanos. Recuerdo cuando conocí a una niñita a quien su familia había vendido y que luego fue llevada a un burdel donde fue forzada a la prostitución. Y cuando ella se escapó y volvió a casa, la vendieron otra vez. Cuando contrajo SIDA y estaba demasiado enferma para trabajar, la echaron del burdel, logró llegar a su casa, de donde la volvieron a echar y murió en una casa de refugio para niñas como ella."[1]

—Hillary Rodham Clinton

CAPÍTULO TRES

UNA TRAGEDIA GLOBAL

En 1997, David recibió la llamada por teléfono que cambiaría nuestra visión del mundo. K.K. Devaraj había llevado a un grupo de Reto Juvenil de Bombay a la zona roja de la Calle Falkland en Bombay para celebrar cultos en la iglesia. Mientras cantaban y compartían la historia del amor de Cristo, más de 100 jóvenes indicaron su deseo de seguir a Jesús. Devaraj descubrió un mundo horrible que ninguno de nosotros sabía que existía. Cuadra tras cuadra de edificios de varios pisos eran hogar para más de 50.000 mujeres y niñas. Muchas de ellas habían sido vendidas a la esclavitud sexual por sus padres. Algunas eran de familias de las aldeas muy pobres del país vecino de Nepal; habían sido traficadas a Bombay cuando eran niñas.

Mientras Devaraj y el grupo se abrían paso entre los deprimentes alrededores, las mujeres les rogaban que llevaran a sus pequeñas hijas a un lugar seguro lejos de la Calle Falkland para que no fueran forzadas a la prostitución.

"Ustedes son nuestra única esperanza", una mujer le rogó a Devaraj tratando de entregarle a una bebé.

"¡Por favor, llévesela!"

Al volver a su oficina Devaraj, con lágrimas en los ojos, llamó a David.

"¿Podríamos abrir un hogar seguro para 37 niñitas?" preguntó él, con el corazón traspasado por esta experiencia reveladora. "Muchas de estas niñas han nacido en los burdeles. Un hogar podría ser su único medio de escapar la misma suerte que les tocó a las madres".

David hizo una pausa, susurró una oración pidiendo la dirección de Dios.

"Yo no sé cuánto va a costar esto", contestó David, "pero debemos hacerlo. Dios quiere que hagamos esto. Sí, comencemos un hogar".

Embarcándonos en este nuevo desafío, comenzamos un exhaustivo proyecto de investigación que nos llevó a más revelaciones asombrosas. Pronto nos enteramos de que esta era una industria cruel e implacable, sin ninguna consideración por la vida humana; y que se había multiplicado hasta llegar a ser una tragedia global. El ministerio que llegaría a conocerse como Proyecto Rescate había comenzado.

GANANCIA ECONÓMICA

El tráfico de personas, especialmente de mujeres y niñas, con el propósito de explotación sexual se está convirtiendo en la industria de más rápido crecimiento y la actividad criminal de más ganancia. Según el Trafficking in Persons Report [Informe del Tráfico de Personas] del Departamento de Estado de Estados Unidos, es probable que prácticamente todas las naciones del mundo participan hasta cierto punto de este trágico comercio, ya sea como país de origen, de tránsito o de destino de las víctimas. La UNICEF calcula que cada año 2 millones de niños son forzados, vendidos, secuestrados o compelidos al comercio sexual. Los cálculos del número de los individuos que son traficados a través de fronteras internacionales cada año oscilan entre 800.000 y 4 millones.[2] Estados Unidos no está aislado de este azote. En el año 2006, el Departamento de Estado calculó que tantos como 17.500 hombres, mujeres y niños son traficados a la nación cada año, muchos para la explotación sexual.[3]

El tráfico humano se ha convertido en una industria global de $32 billones de dólares por año en la que el tráfico sexual constituye la mayor parte.[2] Un traficante muy bien puede comprar a una niña por tan poco como $150, y luego la puede vender a los clientes hasta 10 veces por noche y de esa manera ganar $10.000 al mes.[4]

Con gastos mínimos, con algunos policías que ayudan a los predadores, con un número de víctimas casi sin límite y con un mercado grande, el tráfico de explotación sexual está sobrepasando la venta de drogas ilegales como la industria preferida por los criminales.

El tráfico sexual se puede definir como el desplazamiento de mujeres y niñas, dentro o a través de fronteras internacionales, con propósitos de prostitución u otras formas de explotación sexual comercial. Incluye enlistar, transportar, esconder, traspasar o vender a mujeres y niñas con estos propósitos. El fin del tráfico sexual incluye la brutalidad, la esclavitud sexual y, no infrecuentemente, la muerte.

Desafortunadamente, el caos de los presentes factores políticos, económicos y sociales en nuestro mundo ha creado un ambiente propicio para los implacables traficantes que explotan a las víctimas vulnerables. Esto está vívidamente ilustrado por las naciones que anteriormente eran parte de la Unión Soviética, donde ocurre la tercera parte de todo el tráfico sexual del mundo.[5] El trastorno moral y político que vino después del colapso de la Unión Soviética creó un ambiente en el que asombrosos números de jóvenes y niñas que viven en pobreza fácilmente son atraídas por las falsas promesas de trabajos lucrativos en Europa occidental que les hacen los procuradores. Otras son descaradamente secuestradas en Moldavia,

Rumanía y Bulgaria cuando van de la escuela
a su casa o cuando van por caminos remotos.[6]
En Moldavia particularmente, un despreciable
patrón de tráfico se concentra en las miles de
niñas que viven en los orfanatorios del estado que
tienen que salir cuando ya son adolescentes. Los
traficantes saben el momento exacto en que salen
las huérfanas de 16 y 17 años de edad; ellos están
ahí para encontrarse con ellas cuando salen sin
tener ningún lugar adonde ir. En todas las intrigas
de los traficantes, una vez los papeles legales de
las víctimas llegan a las manos de su nuevo jefe,
rápidamente pierden su libertad y cualquier ilusión
de una vida mejor que hayan tenido. Lo próximo
es la esclavitud en los burdeles de las ciudades
por toda Europa occidental, en los que las nuevas
víctimas son violadas y brutalizadas hasta que
están dispuestas a someterse.

SE VENDE

En una aldea al pie de un monte en Nepal, el
padre llevó a su hija de 10 años de edad a una
reunión con una procuradora. La niña sonreía,
pero era tímida y se escondía detrás de su mantón
cuando le hablaban. La procuradora, una mujer
en sus 40, inspeccionó a la niña con ojos bien
adiestrados. Ella sabía lo que los hombres
buscaban.

"Es muy bella."

El padre asintió con la cabeza.

"¿Estás dispuesta a trabajar?" la mujer preguntó a la niña.

La niña sonrió.

"Dile que vas a trabajar", el padre le dijo bruscamente, obviamente irritado porque no había contestado. "Ella es trabajadora ... muy trabajadora."

La mujer miró detenida y dudosamente a la niña. Un incómodo silencio descendió. Temiendo perder el trato, el padre le dio una rápida mirada a su hija. "¡Dile que eres muy trabajadora!"

La niña asintió con la cabeza.

"¿Estarías dispuesta a hacer cualquier cosa?" preguntó la mujer.

"Sí, ella hará lo que sea", contestó el padre.

La mujer se inclinó cerca de la cara de la niña y la miró a los ojos. La niña se estremeció, luego se encogió de miedo.

"¿Vas a hacer lo que te digamos que hagas?"

El padre empujó suavemente a la niña.

"Sí", titubeó la niña en inocente obediencia.

La mujer y el padre hablaron de las condiciones del trato. Ella le entregó un rollo de billetes. Él contó el dinero con cuidado, luego, sin emoción, entregó a su hija a la mujer.

A la niña le habían dicho que le iban a dar un trabajo en una fábrica en Bombay. Ella ganaría suficiente dinero para llevar una buena vida

y todavía podría mandar dinero a su familia.
Hacerlo no sólo ayudaría a la familia, sino que
también aumentaría su valor a los ojos de su
padre. Sin saberlo la niña—y posiblemente ni
su padre—un trabajo honrado no era lo que le
esperaba. Ella estaba destinada para Bombay,
para ser esclavizada, brutalizada y violada
repetidamente. Y, lo más probable, para ser
infectada con el VIH. El trato que su padre había
hecho era su sentencia de muerte.

Escenas así suceden a diario por todo Nepal
y otros países empobrecidos. Solamente de las
pequeñas aldeas empobrecidas de Nepal, cada año
los padres venden de 7.000 a 9.000 hijas pequeñas
para la esclavitud sexual en los burdeles de India.
Los padres están muy dispuestos a comprar alivio
para su afán por sobrevivir. A cambio de eso, sus
hijas son condenadas a una vida de pesadilla, con
más frecuencia seguida de una muerte prematura.

Según la investigación de Kevin Bales, la
esclavitud prospera mejor en medio de la intensa
pobreza:

- Las guerras y los desastres naturales por todo
  el mundo hacen refugiadas de las mujeres y
  niñas quienes son especialmente vulnerables
  a ser victimizadas cuando huyen para salvar
  la vida.

- La globalización ha facilitado el transporte de artículos y servicios a través de fronteras internacionales, incluso el transporte de cargamento humano y servicios sexuales.

- Las épocas de agitación política van acompañadas de la agitación de los sistemas de apoyo tradicionales de la familia y de la comunidad. Los presuntos protectores se hacen predadores, y los derechos humanos de los más débiles y más vulnerables son brutalmente pisoteados con poco o sin ningún derecho a recurrir.

- Dentro de [algunas] culturas tradicionales, las mujeres y las hijas se consideran como propiedad, responsabilidad económica, cargas sociales y hasta hijas de un dios inferior. Como resultado, las hijas y las esposas podrían ser desatendidas, recibir alimentación y educación insuficiente, abusadas y vendidas como propiedad. Su significancia principal como personas se deriva de su relación con los hombres de la familia, ya sean padres, esposos o hijos. El valor de la mujer se asocia con su capacidad para tener hijos, especialmente varones. Su vida y su futuro están mayormente en las manos de los hombres.

- Los crecientes apetitos globales por tener sexo con niños, la homosexualidad, la pornografía y el turismo sexual están creando una insaciable exigencia de esclavas sexuales.

- Con la crisis global del SIDA, los clientes adinerados en busca de servicios sexuales con vírgenes están haciendo que suba el mercado de víctimas cada vez más jóvenes.[7]

Si la injustica del tráfico y esclavitud sexual no fueran lo suficiente deplorables, la tragedia se complica cuando las víctimas son rutinariamente victimadas en los sistemas tribunales y policíacos del mundo. Con frecuencia cuando hay redadas en los burdeles, la policía arresta a las mujeres traficadas y las trata como criminales o inmigrantes ilegales. Con frecuencia son acusadas y encarceladas o son deportadas para enfrentarse a una suerte incierta en su propio país. Mientras tanto, la mayoría de los traficantes y proxenetas permanecen libres para explotar a nuevas víctimas.

DOS MILLONES DE MENORES DE EDAD

En total, aproximadamente 2 millones de menores de edad están esclavizadas en el comercio sexual global. Los empresarios americanos y europeos que participan del "turismo sexual", los africanos y asiáticos que creen que tener coito con una virgen es una cura para el SIDA o que hará que sus negocios prosperen, como también los pedófilos de todo el mundo, contribuyen grandemente a la creciente demanda de víctimas más jóvenes.

Las ganancias lucrativas del comercio sexual lo han hecho muy atractivo para el crimen organizado. Los sindicatos criminales presionan activamente a los gobiernos para que legalicen la prostitución, lo que ellos dicen que aumentará las entradas de impuestos. También hacen campañas a favor de no tener ninguna restricción en la Red Mundial (World Wide Web), que ha llegado a ser un medio valioso para la prostitución y el tráfico de humanos. Anuncian a las niñas y mujeres como si fueran automóviles nuevos, con fotografías y reseñas. La propaganda del sindicato criminal también dice falsamente que la legalización de la prostitución y la "libertad" de la Web reducirá el tráfico humano y dará a las mujeres control de su propio cuerpo. Faltan en reconocer que la mayoría de las mujeres no deciden ser prostitutas por su propia voluntad. La falta de alternativas las lleva al negocio como una estrategia para sobrevivir y las obliga a arriesgarse, lo que las hace todavía más vulnerables ante los traficantes.

Muchas mujeres que están en prostitución—

especialmente en las naciones en desarrollo donde el SIDA es endémico—mueren a principios de sus 20 años de edad. Pero la voz de estas víctimas raramente se oye. Sus historias no se ven en los programas informativos de la televisión (como *60 Minutes* en Estados Unidos). Ellas sufren en silencio—en oscuridad—mientras los gobiernos corruptos y el crimen organizado prosperan gracias al dolor de ellas.

Mi sueño

Yo vivo aquí en el mercado sin ninguna seguridad. Todos los días se me presentan problemas. No puedo dormir en paz por la noche, por eso paso todo el día con sueño. Me regañan por eso, pues no entienden por qué me duermo durante el día. La gente grita, las mujeres pelean y las niñas discuten por cosas pequeñas. El lugar es mal oliente y sucio. No me puedo mover libremente porque tengo miedo que la policía me lleve o que la gente mala me recoja y haga cosas malas conmigo. No tengo libertad. Grito y me quejo por dentro deseando un lugar mejor para poder vivir en paz, para dormir segura por la noche, para moverme con libertad, jugar con mis amigas y asistir a la escuela.

Yo sueño con un lugar donde todos se amen y nadie pelee. Ese lugar es limpio y ordenado. Hay

un patio de recreo donde podemos jugar. En ese
lugar yo tengo mi propio cuarto. No me gusta que
las mujeres y las niñas se paren aquí esperando
a los hombres con los que hacen cosas malas.
Traen a las niñas de las aldeas y aquí las venden
y las obligan a hacer cosas malas. Son pobres y
desvalidas. Sus tíos, tías o parientes las venden
aquí. Niñas de mi edad son abusadas todos los
días. Yo le tengo miedo a este lugar. Yo quiero vivir
en un lugar donde no tenga que sentir miedo.

Radha, de 11 años de edad

"Es algo atroz que en el siglo veintiuno cientos de miles de mujeres, niños y hombres rendidos vulnerables por el conflicto civil, las extremas circunstancias económicas, los desastres naturales, o simplemente por su propio deseo de una vida mejor son traficados y explotados para el sexo o el trabajo forzado. El privar a los seres humanos del derecho básico de tener libertad es una afrenta a los ideales de libertad y dignidad humana que atesoran los pueblos por todo el mundo."[1]

—Colin L. Powell

CAPÍTULO CUATRO

RETRATO DE UNA VÍCTIMA

En apariencia Manju era como todas las chicas. Era menuda, tenía ojos cansados y el rostro enmarcado por pelo largo y negro. Quizás si hubiera nacido en otro país en una familia adinerada o de clase media, su vida fuera diferente. Quizás entonces lo único por lo que tendría que preocuparse sería sacar buenas notas, acomodar otras actividades después de la escuela y decidir qué ponerse para ir a la escuela mañana por la mañana.

Tristemente, eso no estaba ni cerca de la realidad. Había sido secuestrada de su aldea, vendida a un burdel y había pasado gran parte de su niñez prostituida en Bombay.

Afortunadamente ella logró llegar a uno de los hogares de Proyecto Rescate.

Una tarde se reunió con las otras chicas para orar.

"Señor, te alabamos. Gracias por Tu amor", dijo una de las chicas que dirigía los devocionales esa tarde. "Tú eres tan bueno con nosotros. Gracias por Tus provisiones, Tu gracia y Tu amor."

Las otras chicas se unieron a ella y un coro de oraciones llenó el salón. Algunas de las chicas simplemente levantaban las manos y alababan al Señor con dulces y melodiosos tonos. Otras oraban convincentemente por su madre y sus amigas que estaban encarceladas en los burdeles. Inspiraba un respeto reverencial el oír estas voces ascender al cielo.

De repente Manju se tapó los oídos con las manos para no oír las voces. Luego comenzó a retorcerse en el suelo. Las chicas se asustaron— pero no Devaraj ni sus compañeros. Ellos habían visto esto antes. Ya sea que se le llame influencia demoniaca o enfermedad mental, era obvio que Manju necesitaba liberación. Devaraj mandó que todos oraran.

"En el nombre de Jesús", Devaraj oró, "reclamamos autoridad sobre esta condición".

Después de 30 minutos de oración, las convulsiones pararon y Manju estaba calmada.

"Jesús, Jesús, Jesús", decía y las lágrimas le corrían por las mejillas. "Te amo Jesús".

Esa noche Manju experimentó el poder de Dios. Ella fue liberada de su pasado y recibió esperanza para un nuevo comienzo.

LA DEUDA

Siendo que el tráfico de humanos es una empresa internacional de billones de dólares, no hay muchas ciudades principales por todo el mundo que no estén afectadas por la tragedia. Cerca de la Torre Eiffel, o de la Casa de la Ópera de Sydney, o hasta el edificio Empire State, la vida de mujeres jóvenes se está vendiendo poco a poco a una hueste de extraños decididos a satisfacer sus deseos egoístas, lujuriosos.

Cuando estábamos ministrando en Roma, por ejemplo, hablamos con un pastor local cuya congregación había tomado la responsabilidad de ministrar a las africanas que andan ambulando por las calles, llevadas a la ciudad bajo engaño. Según el pastor, miles de jóvenes africanas se venden en las calles de Roma para pagar su deuda o para comprar su libertad a la mafia italiana. Aunque la vida en las calles tiende a endurecer rápidamente el corazón de esas mujeres, los de la congregación regularmente las invitan a la iglesia y les ofrecen ayuda de maneras tangibles.

"Yo quiero salir de esta vida", confesó una de las adolescentes después de orar en el altar de la iglesia. Pronto los ojos se le llenaron de lágrimas y ella se hizo un ovillo. "Pero para hacer eso tendría que conseguir $35.000 para que me suelten los que me trajeron aquí. Eso es lo que cuesta mi libertad. ¿Cómo voy a ganar $35.000?"

La historia de esa joven es muy común. Una procuradora la convenció que dejara su país natal con promesas de una buena vida, luego se la entregó al dueño de un burdel.

"Alguien llegó a mi aldea y me dijo que podía ganar mucho dinero en Roma porque yo era muy bella", dijo la joven. "La mujer me dijo que yo podía venir a Europa y ser modelo o agente de viajes. Dijo que ganaría más dinero de lo que nunca antes había visto. Yo le creí. Ahora me acuesto con muchos hombres diferentes cada noche y gano muy poco dinero."

En las aldeas más pobres cuando los visitantes prometen gran riqueza y una vida fácil, la gente está pronta a creerles. Ansiosos por escapar de la pobreza, muchos padres están dispuestos a vender a sus hijas o a pedir préstamos contando con las futuras ganancias de sus hijas para pagarlos. En otras palabras, venden a sus hijas a una vida de esclavitud a cambio de promesas falsas.

A los americanos se les hace difícil comprender cómo es que un padre puede vender a su hija. Pero en muchas de las culturas del mundo, a las hijas se consideran ser inferiores a los hijos. Un hijo trae prestigio y con frecuencia una dote matrimonial; una hija no. Un hijo también puede ayudar a la familia a abrirse paso en el camino a la prosperidad, o por lo menos a salir del nivel de pobreza más bajo en que está; las hijas por lo regular no pueden. A un hijo varón lo ven como una bendición; a una hija la ven simplemente como una carga.

No es raro que en algunas aldeas indias las parejas practiquen el infanticidio hasta que tienen un hijo varón. Siendo que las niñas reciben tan poco respeto o ningún valor, con frecuencia los padres aceptan las ofertas de los procuradores. El dinero que pagan por una niña podría ser una cantidad tan grande para la familia que se le tomaría años para ganar una cantidad igual.[2]

MULTITUD DE FACTORES

Hay muchas razones por las que la industria de esclavos sexuales se está expandiendo: pobreza, enfermedad, crimen, desastres, guerra, sistemas de casta, leyes débiles contra el tráfico y otras más.

A medida que la economía del mundo cambia, por ejemplo, la pobreza ha amenazado más regiones fuera de África y Asia. Con el colapso de la economía de la anterior Unión Soviética, el paro, o desempleo, ha subido muchísimo. Los que dependían del estado para su sostén no tienen trabajo ni adonde ir para recibir ayuda. No hay red de seguridad. Debido a esto, las familias no tienen los medios para dar de comer a sus hijos ni sostenerse. Estas naciones se convierten en tierra fértil para el tráfico de la esclavitud sexual.

En los países donde el SIDA arrebata la vida

de más y más padres de familia, los huérfanos con frecuencia son víctimas de los predadores de niños. Cualquier cosa que rompa a una familia—divorcio, desastre natural, guerra—da oportunidad para que los niños sean forzados entrar en las corrientes mundiales de carne humana vendida.

Después del tsunami en Asia del sur en 2004, por ejemplo, hubo informes de pedófilos que ofrecían comida y ropa a los niños huérfanos. Con miles de muertos por toda la región, no fue difícil añadir a niños vivos, saludables a la enorme lista de los perdidos. Se convirtieron en un blanco para el secuestro.

En las regiones donde una jerarquía social aprueba que los fuertes dominen a los débiles, esa opresión con frecuencia llega a ser de una naturaleza sexual. En Darfur, por ejemplo, la milicia sudanesa, conocida como los Janjaweed, ha violado sistemáticamente a las mujeres y a las niñas de las aldeas.

En India, el sistema de casta es mucho más débil hoy, pero históricamente ha fomentado la explotación sexual. Una casta baja por requisito tenía que presentar a todas sus mujeres en público con los senos descubiertos. Esto era para destruir todo sentido de orgullo o pudor y para demostrar que una mujer que entraba descubierta a una aldea era poco más que un animal. Podía ser violada en cualquier momento por un hombre de una casta más alta.

Pero la explotación sexual no está limitada a las castas de India. Según el Departamento de Estado de Estados Unidos, los depredadores sexuales de Estados Unidos y de los países europeos frecuentan países como Tailandia para evadir la ley en sus propios países. El Departamento afirma que el turismo para tener sexo con niños está en auge— y que muchos americanos participan.

Las mujeres y las niñas con frecuencia se encuentran bajo el implacable control de organizaciones criminales cuyos recursos e implacabilidad parecen no tener límite. Sabiendo que la represalia será pronta y cruel, la mayoría de mujeres prostituidas se niegan a pensar en escaparse. Esencialmente están atrapadas, han caído en las garras de empresarios oportunistas que están dispuestos a matar o a desechar a cualquiera que se les ponga en el camino de su ganancia. Y, a medida que el comercio de esclavitud sexual sigue expandiéndose, más y más jóvenes ven sus sueños desvanecerse y su amargura y temor aumentar.

DINERO FÁCIL

Hollywood pinta de color de rosa la prostitución. Los tabloides que van dirigidos a las masas dedican sus titulares a las mujeres en prostitución que están más que dispuestas a exponer a los clientes si les pagan bien. Y las casas publicadoras compran autobiografías que presentan una imagen optimista de la prostitución. Las historias son como cuentos de hadas, completas con una vida emocionante, hombres encantadores y mucho dinero. Esa imagen está muy lejos de la realidad. La vida en la prostitución está llena de remordimiento y de arrepentimiento. El abuso, la violación, el trauma a niveles múltiples, la enfermedad, las adicciones y al final la muerte son los temas auténticos de la prostitución.

Las historias de prostitución presentadas con glamor han atraído a algunas mujeres al negocio. Algunas voluntariamente venden su cuerpo por ganancia. Pero, por todo el mundo, millones de mujeres no están en prostitución por su propia voluntad. Literalmente son esclavas.

Las atractivas mujeres asiáticas prostituidas son transportadas a Estados Unidos para que multipliquen sus ganancias entre la clientela americana. Mujeres y niñas de todo el mundo pasan a Estados Unidos por la frontera mexicana para que multipliquen las ganancias. Este conducto permite que las pandillas ganen más dinero al rotar a las mujeres y anunciar una exótica y siempre variada rueda de jovencitas.[3]

EL TRABAJO DEL MALIGNO

No importa si están en prostitución por el dinero o porque son víctimas, las mujeres están esclavizadas espiritual, emocional y psicológicamente. Ya sea que haya sido obligada a la prostitución o atraída por la misma, cada mujer vive en un ambiente en el que el mal ejerce dominio completo y trabaja para usar y abusar de ese elemento tan personal de la identidad de la mujer. No se puede negar que el comercio sexual global ha sido fomentado por la actividad sexual desenfrenada.

La Biblia habla del poder de la sexualidad, cuando se usa indebidamente, para contaminar la espiritualidad de la persona. Cuando los hijos de Israel estaban cerca de la tierra prometida gozaron de una serie de victorias sobre los ejércitos cananeos. Los moabitas sabían que ellos serían los próximos y llamaron a Balán para que maldijera al pueblo de Israel (Números 22-24). Cuando esa treta fracasó, los moabitas acudieron al sexo. Invitaron a los hombres israelitas a que tuvieran relaciones sexuales con las mujeres moabitas en los festivales religiosos. Como resultado, Israel recibió el juicio de Dios (Números 25). En Romanos 1, la esclavitud al pecado en la vida de la gente se manifiesta en la desviación sexual. El apóstol Pablo nota la conexión entre el pecado, la idolatría, las falsas religiones y el comportamiento sexual perverso.

La perversión sexual es un reflejo de la condición espiritual del corazón de la persona. Hoy, en India, muchos expresan devoción a su religión por medio de la explotación sexual y del comportamiento sexual decadente.

Cuando ministramos a una mujer o a una niña que está atrapada en la prostitución, no sólo trabajamos con un individuo; estamos combatiendo contra un sistema malvado, contra un conjunto de convenciones sexuales, contra generaciones de esclavitud y contra una estructura social que se remonta a miles de años. El sistema se perpetúa a sí mismo, infectando todos los niveles de la sociedad y del gobierno. Pero nunca debemos olvidar que los sistemas de casta y los sindicatos criminales no pueden contra el poder del amor de Cristo. Jesús dijo: "Edificaré mi iglesia, y las puertas del reino de la muerte no prevalecerán contra ella" (Mateo 16:18, NVI). Las puertas del infierno no tienen una representación más clara que las cortinas de los burdeles del mundo. Los cristianos debemos unirnos para llevar el amor de Cristo por esas entradas y poner en libertad a las que están adentro. Para los millones de jóvenes en India y en muchos otros países, Jesús y sus obreros son su única esperanza de escapar.

"Ser libre no es simplemente soltarse las cadenas, sino vivir de una manera que respete y acepte la libertad de los demás."[1]

—Nelson Mandella

CAPÍTULO CINCO

LA VIDA DE UNA NIÑA

Los grandes ojos cafés de Shila se movían constante y rápidamente de un lado a otro, captando todo lo que había a su alrededor. Sonreía con facilidad, tenía un porte amistoso y una compostura más allá de su edad. Ver a Shila era ver un paquete de energía envuelta en carne y hueso.

"Me estoy poniendo gorda", le dijo a una de las trabajadoras de Proyecto Rescate.

"Shila, tú estás delgada", respondió la trabajadora. "Dudo que la gente te considere gorda".

Shila se puso las manos en las caderas y sonrió. "No estoy delgada, yo estoy gor–."

"Oh sí, lo estás", interrumpió la trabajadora. "Tu cintura es del tamaño de mi pierna."

Shila se enfurruñó. Aunque ella sabía que todavía estaba delgada, había aumentado mucho peso desde cuando llegó al hogar de Proyecto

Rescate. Se sentía muy orgullosa y muy protectora de cada una de las onzas que había aumentado.

"Antes estaba delgada, pero ahora estoy gorda", replicó Shila, sacando su estómago de 11 años, plano como una tabla. "Mira."

Ella se señaló el estómago como si fuera evidencia convincente. Pero no lo era. Todavía estaba tan delgada como un palo, pero comparada con el día en que nos llegó de las calles de Bombay donde Devaraj la encontró, se veía mucho más saludable.

"Dios ha sido bueno contigo", dijo la trabajadora.

Shila asintió con la cabeza.

"Si me hubieras visto cuando llegué aquí", dijo Shila pronta a compartir su testimonio con cualquiera que la escuchara. "Cuando tío Devaraj me encontró, yo había estado viviendo en las calles, pasaba hambre y estaba muy delgada. Ahora por gracia de Dios estoy gorda."

NACER MUJER

Nosotros tenemos dos hijas, Rebecca y Jennifer, que son saludables y ya mayores. Nuestros recuerdos de su niñez y su adolescencia están llenos de los momentos y alegrías más memorables. Como todos los padres dedicados, no podemos imaginar ninguna otra cosa que lo mejor para nuestras hijas. Haríamos cualquier sacrificio para ayudarles a lograr sus sueños y las visiones que Dios tiene para la vida de ellas. Tristemente, Satanás ha cegado tanto a muchos padres en India y en otros países, que han llegado a ver a sus hijas como garantía para ganar más dinero. Un informe de 2002 sobre la comunidad de Ratlam, India, describió la común práctica de dedicar a la hija mayor a la prostitución para sostener a la familia. La tradición está tan enraizada que las niñas aceptan su suerte sin quejarse.

"A los 5 años yo ya sabía lo que me esperaba", dijo una niña.[2] A la edad de 12 años, los padres ofrecen a las niñas para prostitución. Típicamente el padre aparta un cuarto de la casa para el negocio. Imagínese la falta de confianza hacia el padre que esto causa en una niña. Encontramos nuestra identidad en nuestros padres terrenales. Es por eso que nos esforzamos por conectar a las niñas que están bajo nuestro cuido con el Padre celestial, en quien se *puede* confiar. Él nunca las traicionará. Por el contrario, Él les da a ellas la identidad de Él. A cada una de las niñas que ha sido relegada a ser una mercancía, Dios puede dar restauración y una nueva imagen de sí misma. Cuando eso sucede, hay sanidad.

LA INICIACIÓN

La mayoría de los padres no se pueden ni imaginar permitir que su hija sea dañada de ninguna manera. Pero en los países donde las mujeres son subvaloradas—y que hasta se consideran como una obligación o carga que puede causar ruina a la familia—no es de sorprenderse que sean desechadas tan fácilmente. Las niñas nunca oyen una palabra dulce ni sienten un toque tierno. Esa es la única vida que muchas niñas conocen.

Esa realidad se empeora cuando los padres, a sabiendas o por ignorancia, exponen a una niña que ya está descuidada a una existencia de cadena de montaje ... en la que su cuerpo es un objeto desechable para ser usado múltiples veces cada día. Se calcula que hay medio millón de niñas prostituidas en India.

Niñas pequeñas, que una vez eran inocentes, son obligadas a satisfacer las necesidades sexuales no naturales de hombres de edad suficiente como para ser sus padres o quizás sus abuelos. Las niñas son iniciadas primero—insensibilizadas hasta el punto en que escogerán la violación sexual diaria antes que el cruel castigo por no someterse. Las golpean, las violan, no les dan de comer, las insensibilizan y las traumatizan para que se sometan. En Tailandia, por ejemplo, hubo un incendió en un burdel. Cinco jovencitas murieron quemadas. No pudieron escapar porque estaban encadenadas en la cama. Este abuso y bestialidad se extiende a las comunidades a lo largo de América.

¿En América?

No parece posible, pero lo es.

Los traficantes "doman a las niñas" a lo largo de la frontera mexicana. Las mujeres y las niñas son violadas e insensibilizadas durante semanas hasta que ya no les quede ningún deseo de luchar. Luego las pasan de contrabando a Estados Unidos.

El periódico *The New York Times* reportó cómo una furgoneta traía a una jovencita a una tienda. Sus adiestradores le daban una descripción de su cliente. Luego ella entraba en la tienda, se dirigía al extraño y le decía: "Papito, ¿ya estás listo?"

Ese hombre entonces salía de la tienda con la niña, y a ella nunca se le volvería a ver.

ENDROGADA Y ENTREGADA

Anita tenía 15 años de edad cuando una pareja en quien ella confiaba le prometieron un trabajo. La convencieron de que había una oportunidad de trabajar como ayudante doméstica, lo que también le daría la oportunidad de seguir sus estudios. La idea de un trabajo seguro era tentadora, como lo sería para cualquier joven en Nepal. Creyendo que podía confiar en esta pareja, ella dejó su casa en búsqueda de un futuro mejor.

La pareja endrogó a Anita, luego la llevó a un cine donde se encontraron con el dueño de un burdel. Doscientos dólares cambiaron de mano y el futuro de Anita en prostitución forzada se selló. Durante los siguientes 18 años ella vivió y trabajó en la zona roja de Bombay.

Fue en la zona roja que ella oyó el evangelio por primera vez de parte de los que sirven en el personal de Reto Juvenil de Bombay. Junto con la dueña del burdel, ella aceptó a Jesús en su vida. Poco después, Anita salió del burdel y le fue permitido volver a Nepal. Ahora ella vive en el Hogar de Esperanza de Katmandú, donde está tomando clases para aprender a leer y clases de costura. Ella tiene esperanza de algún día poder abrir su propia modistería.

EL LADO TENEBROSO

Aún después de haber aceptado su cruel destino y de someterse a sus domadores, la vida de las jovencitas no se hace más fácil. La comida es escasa en los burdeles, no hay higiene y el lesbianismo es desenfrenado. Algunas mujeres encuentran solaz y consuelo en los brazos de otras mujeres. Es ahí, aunque sólo por momentos fugaces, que las jovencitas pueden sentirse amadas y aceptadas. A las jovencitas que se desintegran emocionalmente a veces las echan a la calle para que mueran.

También hay una dimensión espiritual contra la que debemos luchar. Más allá de la bestialidad humana que las jovencitas tienen que soportar, hay profundas tinieblas espirituales. Las víctimas están expuestas a las fuerzas demoníacas que prosperan en un ambiente como el de un burdel, donde se celebra toda forma de inmoralidad. La Escritura habla de una muchacha esclava de la ciudad de Filipos (Hechos 16:16-19). Ella estaba poseída de un espíritu malo y sus amos la explotaban para que adivinara el futuro a la gente. Todavía hay espíritus malos hoy que toman control de las vidas jóvenes que están en prostitución. Una jovencita puede salir de un terrible ambiente físico y experimentar cierto grado de recuperación, pero hasta que sus problemas espirituales no se resuelvan ella nunca será completamente libre.

En algunos casos, las jovencitas no sueltan las tinieblas espirituales que las atan. Comenzarán la vida en uno de los hogares de recuperación con una relación con Jesús, pero luego después dejan el programa y vuelven a la prostitución. Han vivido con la mentira por tanto tiempo que no pueden aceptar la verdad.

Algunas mujeres prostituidas que han puesto a sus hijas bajo nuestro cuido, después han exigido que se les devuelvan. Esto es descorazonador para nuestro personal de ministerio. Pero es un riesgo que estamos dispuestos a correr por los que permanecen en el programa y progresan hacia una vida mejor.

Muchas niñas merodean en los alrededores de nuestro ministerio. Tienen conocimiento de los ministerios que ofrecemos. Vienen a nuestros cultos. Pero todavía están aprisionadas dentro de las paredes de los burdeles. Eso también es algo descorazonador—porque Dios nos ha dado la capacidad de cuidar a muchas más niñas. Pero nos encontramos constreñidos por la necesidad de más recursos y de obreros que sepan con seguridad de que han sido divinamente llamados a esta clase de ministerio.

LA IGLESIA

Jaya había estado esperando con paciencia toda la noche. No siendo alguien que pudiera expresar con palabras sus sentimientos, ella sólo podía menear la cabeza en disgusto mientras esperaba su último cliente de la noche.

"¡Por favor Dios mío, ayúdame!" oraba ella.

De repente la cortina de su pequeñísimo cuarto se apartó y entró un extranjero regordete. Había sido conducido al cuartito por una de las madamas quien apretaba en el puño un pequeño fajo de dinero—el precio de Jaya.

Jaya le sonrió al hombre para satisfacerlo, pero más para apaciguar a la madama.

"Se va divertir", le dijo la madama al hombre cuando él miró con ojos lujuriosos y dirigiendo una sonrisa asquerosa a Jaya, quien tenía sólo 14 años. "Ella va a hacer lo que usted le pida."

Jaya asintió con la cabeza. Aunque ella odiaría cada segundo del encuentro, lo haría todo rápidamente para poder llegar a tiempo al culto de la iglesia de la Calle Falkland. Ahí ella podía recibir oración. Ser alentada. Levantar las manos a su Salvador y orar que Él la rescatara de sus circunstancias. La vida del culto de la iglesia y la presencia de Dios son muy distintas al espíritu opresivo, sin vida del burdel. Jaya vivía para tener esas dos horas de libertad cada semana.

Pero esta noche en particular el cliente de Jaya se quedó más tiempo. Él pagó por otra sesión. Jaya sabía lo que eso quería decir—ella se perdería del culto de la iglesia esta noche. Pasarían siete días más antes de poder estar en la presencia de Dios donde podía recibir consuelo y esperanza.

La soledad y estar separada de la iglesia se le hicieron realidad. Jaya quería escaparse o fingir que estaba enferma, pero ella sabía que las consecuencias serían demasiado dolorosas. Podrían quemarle los brazos con cigarrillos encendidos o no darle de comer.

Con lágrimas en los ojos, ella decidió que lo único que podía hacer era aceptar las exigencias del cliente. Esta noche le pertenecía a él. Ella le pertenecía a él.

EL TOQUE DEL SALVADOR

En su mayoría, los grupos seculares que tratan de ayudar a las mujeres que son sexualmente explotadas a encontrar sanidad emocional, no logran mucho éxito. Subsanar las necesidades físicas de las jovencitas no garantiza que serán liberadas de la esclavitud espiritual. Si no se trata con los problemas espirituales y emocionales, las jovencitas victimizadas con frecuencia se encuentran volviendo a los burdeles después de pocas semanas—si no días.

Cuando una jovencita sale de un burdel, a veces es como ver los ojos de un muerto. Después de todo, algo dentro de su mente y de su espíritu tuvo que morir para que pudiera sobrevivir el horror. Estar atrapada diariamente le deja profundas cicatrices emocionales. Por tanto, la obra de Proyecto Rescate esencialmente comienza con andar con una persona muerta. Sólo la fe, la intervención y un encuentro con Jesucristo les pueden devolver la vida a las jovencitas. Pero cuando eso sucede, se puede ver en sus ojos. Nosotros llamamos a eso los ojos de la muerte o los ojos de la luz. Nuestra oración es que cada niña tendrá ojos de la luz.

Tenemos un deber de ayudar a salvar y proteger a estas jovencitas de un mundo tenebroso que se ha propuesto destruirlas. Dios nos ha dado la responsabilidad de trabajar para preservar la esperanza de ellas.

Es demasiado fácil relegar a estadísticas a las jovencitas atrapadas en la prostitución. Pero es importantísimo que cada jovencita sea reconocida como hija—hija de Dios y hermana de todos los creyentes. Quizás entonces—cuando las veamos como parte de la familia de Dios—nos inclinaremos más a hacer los sacrificios necesarios para recibirlas en casa.

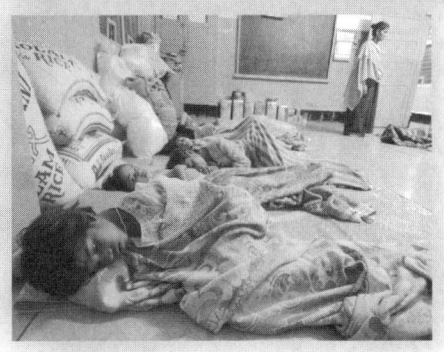

"Derrotar el tráfico humano es un gran llamado moral de nuestro tiempo."

"Más y más países están viendo el tráfico humano como lo que es—una forma moderna de esclavitud que devasta a familias y comunidades por todo el mundo."[1]

—Condoleezza Rice

CAPÍTULO SEIS

'LA ENFERMEDAD DE BOMBAY'

Durante semanas Anju estaba hecha un ovillo como un bebé en su pequeña cama. La carne se le pegaba a los huesos como si la tuviera retractilada. Su respiración era laboriosa y ella enmascaraba su agonizante dolor apretando los dientes.

La muerte de Anju se acercaba. Todos lo sabían. Meses atrás, cuando el SIDA se comenzó a manifestar y los clientes se negaban a acercársele, la dueña del burdel la echó a la calle. Nosotros la recogimos.

Durante años Anju había sido obligada a sacrificar su cuerpo ante incontables hombres que le hacían las cosas más íntimas y viles, pero nunca supieron nada acerca de ella—sólo sabían que ella les daba placer. Su única recompensa fue una enfermedad incurable que lentamente le atormentaba el cuerpo.

Se calcula que tanto como el 60 por ciento de las prostituidas en India están infectadas con VIH/

SIDA.[2] Un estudio informa que el 70 por ciento de las prostituidas en Bombay son VIH positivas.[3] Es por eso que algunos la llaman "la enfermedad de Bombay". No es de sorprenderse que Anju se haya infectado y que luego fuera desechada.

Muchas mujeres como Anju terminan muriendo solas en la calle cuando están demasiado enfermas para obedecer. Es la perfecta injusticia para una vida que no ha conocido nada sino injusticia.

"Una joven moribunda no gana dinero", es un refrán común de las dueñas de los burdeles.

Sabemos que sólo Dios puede sanar a alguien como Anju. Pero también sabemos que es nuestra responsabilidad dar a las jovencitas como Anju dignidad, cuido y respeto cuando se ven frente a esta terrible enfermedad.

En el Hogar de Esperanza, Anju se ha acercado más a las empleadas y a las otras mujeres que viven ahí. Ella decía que eran más allegadas a ella de lo que cualquier hermana podría ser. Día tras día sus amigas se reunían a su alrededor y oraban.

"Toca su cuerpo, amado Jesús", decía una amiga.

"Levántala", oraba otra. "Hazla nueva; quítale todo dolor".

Anju estaba demasiado débil como para expresar con palabras sus oraciones, pero susurraba "¡Jesús!" una y otra vez. Su débil voz no se podía oír sobre el coro de peticiones y alabanzas que salía de su cuarto.

Aquí no había ninguna amenaza de que Anju moriría sola en la calle. Sus hermanas y las empleadas lo habían garantizado. Hora tras hora, una amiga estaba con ella junto a su cama leyéndole la Biblia, orando y sobándole suavemente el brazo. Las empleadas le traían comida y agua. En toda su vida, Anju nunca había tenido cuido, misericordia y amor como ahora.

Después de pocos días de la reunión de oración, Anju—a los 24 años de edad—pasó a la eternidad. Las empleadas y sus compañeras se entristecieron, pero también se regocijaron porque sabían que ella nunca más sufriría a manos de otros … o por una enfermedad implacable. Anju ahora estaba en la presencia de Jesús.

Estos momentos son los más difíciles, pero también algunos de los más atesorados. Cuando demostramos el amor de Cristo a las jóvenes que han sido violadas y condenadas, también otras de la comunidad son atraídas a ese amor y cuido.

LA PROPAGACIÓN DEL SIDA

El SIDA es una calle de sentido único hacia la muerte. Pero cuando la intervención espiritual es posible, esa muerte da paso a la vida eterna. Una joven podría haber contraído la enfermedad después de una vida de pesadumbre casi sin interrupción. Pero, después de haber entregado a

Cristo esa vida destrozada, ella pasa a un futuro glorioso.

Hay veces en las que Dios interviene divinamente y vence la muerte. Una jovencita vino a Proyecto Rescate y fue sanada de SIDA. Nos regocijamos por esos milagros. Pero en la mayoría de los casos las mujeres infectadas no son sanadas.

"Esta es mi congoja", nos dijo una vez Devaraj. "Un grupo de jovencitas con SIDA viene a nosotros y hacemos todo lo posible por ayudarles. Sólo una recibe sanidad y las otras mueren. Eso posa un interrogante que nunca tendrá respuesta en este lado del cielo."

Multitudes de mujeres y niñas son traficadas en India, y por todo el mundo, lo que las hace completamente vulnerables al SIDA y a todas las otras enfermedades transmitidas sexualmente (ETS). En India, en particular, es difícil establecer con exactitud cuán propagada está la epidemia del SIDA. Las estadísticas y la información varían según la investigación que se use. Algunos investigadores calculan que hay casi 6 millones de casos en el país. Otro estudio dice que India podría tener sólo de 2 a 3 millones de casos. Bill Gates visitó India hace varios años para donar $100 millones para la lucha contra el SIDA. En ese entonces, los estudios de su organización indicaban que los casos de SIDA en India podrían llegar a los 25 millones para el año 2010. No importa cuál sea el número de personas infectadas, lo que está claro es que el SIDA ha alcanzado proporciones epidémicas. Y la vasta mayoría de sus víctimas no están recibiendo la atención médica ni el cuido que necesitan.

La crisis del SIDA se está propagando rápidamente a través de India en gran parte por el contacto sexual. Según los expertos médicos, los puntos conflictivos de VIH—los índices más altos de infección—están alrededor de los sitios de peregrinaje religioso. No es coincidencia que los sitios de los templos principales de India sean las zonas de más infección de VIH.

En diciembre de 2005 el periódico, *The New York Times*, reportó que las carreteras de India estaban contribuyendo a la propagación del SIDA. "Las carreteras nacionales entre Nueva Delhi, Calcuta, Chennai (anteriormente Madrás), y Mumbai (Bombay) atraviesan por lo menos seis distritos donde la prevalencia de VIH es más del 2,5 por ciento. La entrada de India a la economía global durante los últimos 15 años también podría estar contribuyendo a la propagación del SIDA. Con sueldos más altos, los hombres tienen más dinero para pagar por el sexo; las mujeres pobres ven el vender sexo como su único acceso a la nueva prosperidad. Las ciudades están atrayendo a más inmigrantes y prostitutas, y las influencias occidentales están liberalizando las convenciones sexuales indias."[4]

El SIDA no discrimina a base de edad o género. Para añadir a la crisis el público fuertemente desaprueba de cualquiera que se pueda infectar. En muchas maneras, tener SIDA es como tener lepra. Si los niños, particularmente las niñas, se contagian con la enfermedad se enfrentan con firme oposición y rechazo.

Según un informe televisivo de CBS, muchos médicos se niegan a tratar— o a tocar—a los niños VIH positivos. Algunas escuelas expulsan o apartan a los niños porque ellos o sus padres son VIH positivos. En una sociedad donde las mujeres ya son subvaloradas (reciben menos comida, educación y atención médica), contraer el VIH es una carga adicional debido a los escasos recursos que están disponibles para ellas.[5]

Según Doe Nair, directora de un grupo de mujeres que administra un hogar para niños, casi todas las niñas en el hogar, costeado por el gobierno, han sido abandonadas por las familias después de haber resultado VIH positivas. "La superioridad de un varón es tan alta en la sociedad india que las familias están prontas a gastar en su tratamiento y su cuido médico", dijo Nair.[6]

Con la propagación del SIDA, las niñas más pequeñas llegan a ser blancos directos de los hombres que tienen la enfermedad. Hay un mito ampliamente aceptado en Asia, en África y en el Oriente Medio de que los hombres que tienen VIH/SIDA o cualquier otra ETS, se pueden curar si tienen sexo con una virgen. Es común ver a hombres de negocio adinerados de otros países que llegan a India dispuestos a pagar muchísimo dinero para poder violar a una niñita en un esfuerzo supersticioso para deshacerse de algún problema o enfermedad.

Se cree que en India la migración de los hombres a las ciudades principales para trabajar también contribuye a la epidemia. Típicamente, los hombres están lejos de su casa y en sus trabajos en las ciudades durante 11 meses del año. Ahí están sin la esposa, y muchos visitan los burdeles regularmente. Luego van a casa por un mes y con frecuencia le pasan el VIH a la esposa.

UN MUNDO EN PELIGRO

El SIDA es un azote mundial que pone en enorme peligro a la población traficada. En 2006, la UNAIDS, el Joint United Nations Programme on HIV/AIDS [Programa Conjunto de las Naciones Unidas sobre el VIH/SIDA], informó lo siguiente: "El 2005 Human Development Report [Informe sobre el Desarrollo Humano de 2005] identificó el SIDA como el factor que causa el revés más grande en la historia del desarrollo humano (Programa de Desarrollo de las Naciones Unidas, 2005). Entre 1990 y 2003, muchos de los países más severamente afectados por el SIDA bajaron bruscamente en la clasificación global de los países en el Human Development Index [Índice de Desarrollo Humano]. Sudáfrica bajó 35 puntos, Zimbabwe 23, Botswana 21, Swazilandia 20, Kenya 18, Zambia 16 y Lesoto 15. (El informe clasificó 135 países a través de regiones, usando información de 1990 y de 2003.)"[7]

"El impacto general del SIDA en la población global todavía no ha alcanzado su punto máximo, y es probable que sus efectos demográficos se sientan hasta bien entrado el siglo 21. Las proyecciones presentes sugieren que para el 2015, en los 60 países más afectados por el SIDA, la población total será de 115 millones menos de lo que sería en la ausencia del SIDA.[8]

"En Asia, una alta proporción de nuevas infecciones de VIH se contraen durante el sexo pagado. En Vietnam, la prevalencia del VIH entre las trabajadoras sexuales aumentó rápidamente a lo largo de la década de los 1990, de 0,06% en 1994 a 6% en 2002. En Indonesia, el nivel de infección de VIH entre las trabajadoras sexuales es de 3,1% en la nación, pero varía significantemente de región a región.

"En Yakarta, por ejemplo, llegó al 6,4% en 2003 (MAP, 2005). En China, se calcula que las trabajadoras sexuales y sus clientes son responsables sólo de menos del 20% del número total de personas que viven con VIH

(Ministry of Health [Ministerio de Salud], República Popular de China/UNAIDS, 2005a)."[9] El SIDA ya no es una enfermedad limitada a los países en desarrollo. Ya no es una crisis limitada a las zonas urbanas deprimidas. El SIDA es una catástrofe global, que infecta todos los confines del mundo.

EN EL SUELO

Su dulce voz cantarina salía del pequeño cuarto del hospital. Lleno de curiosidad, Devaraj entró al cuarto para ver quién cantaba tan bellamente.

Cuando entró al cuarto, la niñita, sentada en una cama al lado de su hermanito bebé, lo saludó con una sonrisa contagiosa, acentuada por sus grandes ojos cafés.

"¿Cómo te llamas?" le preguntó Devaraj, agachándose al nivel de la cama.

La niñita dejó de cantar por un momento, luego lo miró y dijo: "Shavanah", y siguió cantando.

Devaraj miró al bebé que no tenía más de 2 años de edad. Un tubo intravenoso corría por sus diminutas venas. Devaraj estaba seguro que estaba VIH positivo y que luchaba por su vida. Estaba débil y cerca de la muerte. Shavanah parecía saber esto también, pero no estaba dispuesta a perder las esperanzas por su hermanito. Después de todo, él era lo único que le quedaba en el mundo.

"Tú no tienes nada por qué preocuparte", cantaba Shavanah, quien no tenía más de 4 años. "Yo te voy a cuidar; no voy a dejar que nadie te haga daño. Puedes depender de mí. Yo soy tu hermana, tu mami y tu papi. No tienes que preocuparte por nada."

Shavanah dejó de cantar por un segundo, adoró a su hermano con los ojos, le sonrió a Devaraj, luego comenzó a cantar otra vez. Era un canto que obviamente ella misma había compuesto, pero la sinceridad y el amor que ella comunicaba con sus sencillas palabras dejaban ver una fe optimista que Devaraj no pudo pasar por alto.

Él salió del cuarto y fue a buscar a una enfermera o a un médico con quien hablar de Shavanah y de su hermano. Durante la breve reunión con una enfermera, él se enteró de que hacía poco que Shavanah y su hermano habían quedado huérfanos, no hacía mucho que su madre había muerto de SIDA, y el niñito era VIH positivo y no se esperaba que viviera.

Como muchos niños en India, Shavanah avanzaba velozmente hacia la vida de una persona adulta. A pesar de su corta edad, ella se veía obligada a comportarse como la madre. Devaraj ofreció llevarlos a nuestro hogar de Proyecto Rescate donde viven los bebés y niños que tienen SIDA.

La entrada al hogar de Reto Juvenil de Bombay para los que tienen SIDA puede hacer que hasta los más distraídos vuelvan de golpe a la realidad de las prioridades piadosas de cuidar a las viudas y a los huérfanos (Santiago 1:27). Cuando los visitantes desprevenidos entran al hogar, los niños empiezan a cantarles. En el idioma hindi ellos cantan himnos como "Ábreme los ojos del corazón, Señor."

Un día los oímos cantar "Santo, santo, santo, Dios omnipotente ...." Inmediatamente sentimos escalofríos. Sus voces estaban lejos de ser perfectas ... en realidad hacían pensar en un coro de escuela en el que cada niño trata de cantar más fuerte que el que está a su lado. Pero su sinceridad y su admiración del Señor no tienen rival.

Muchos de los niños son huérfanos y están infectados con VIH. La triste realidad es que algunos de estos niños tendrán una muerte cruel. A pesar de esto, ellos cantan con alegría: "Dios nos ha hecho, Él nos ha hecho lo que somos."

Entre los niños del hogar están Shavanah y su hermanito. Los dos niños han sido transformados en muchos aspectos. El hermanito de Shavanah quería un nombre nuevo cuando aceptó a Cristo como su Salvador. Ahora se llama Peter. Verlo a él es ver la obra de Dios. La salud de Peter ha sido restaurada y ahora está robusto y lleno de energía. Shavanah ha seguido madurando—emocional y espiritualmente—más allá de su edad. A ella le encanta estudiar la Biblia y cantar alabanzas a Jesús.

La Biblia nos manda cuidar a los huérfanos. Proyecto Rescate toma muy en serio el mandamiento de Santiago 1:27. Aunque nos regocijamos con las buenas noticias de vidas transformadas, como la de Shavanah y Peter, también sabemos y nunca debemos olvidar, que hay muchísimos niños que son víctimas de la esclavitud, de la pobreza y del SIDA. Este no es el momento de descansar en los laureles ni decir: "Hemos hecho lo suficiente." Al contrario, son las imágenes de niños abandonados que tenemos grabadas en la mente, y nuestro amor a Jesús es lo que nos empuja hacia el objetivo de rescatar a más huérfanos por el SIDA y a más niños de las zonas rojas del mundo.

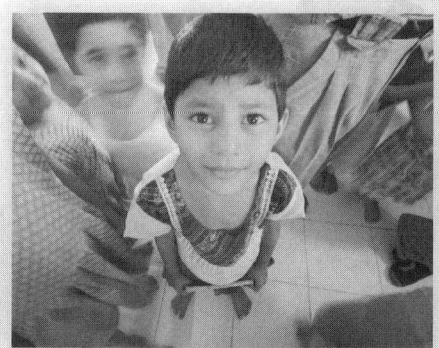

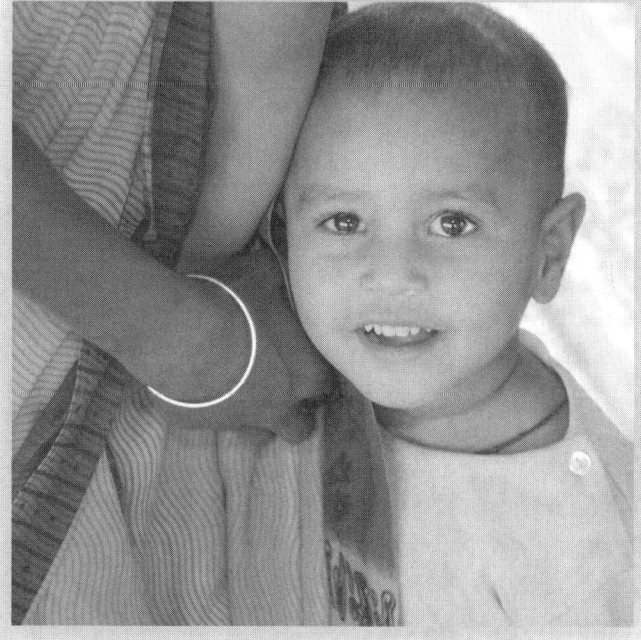

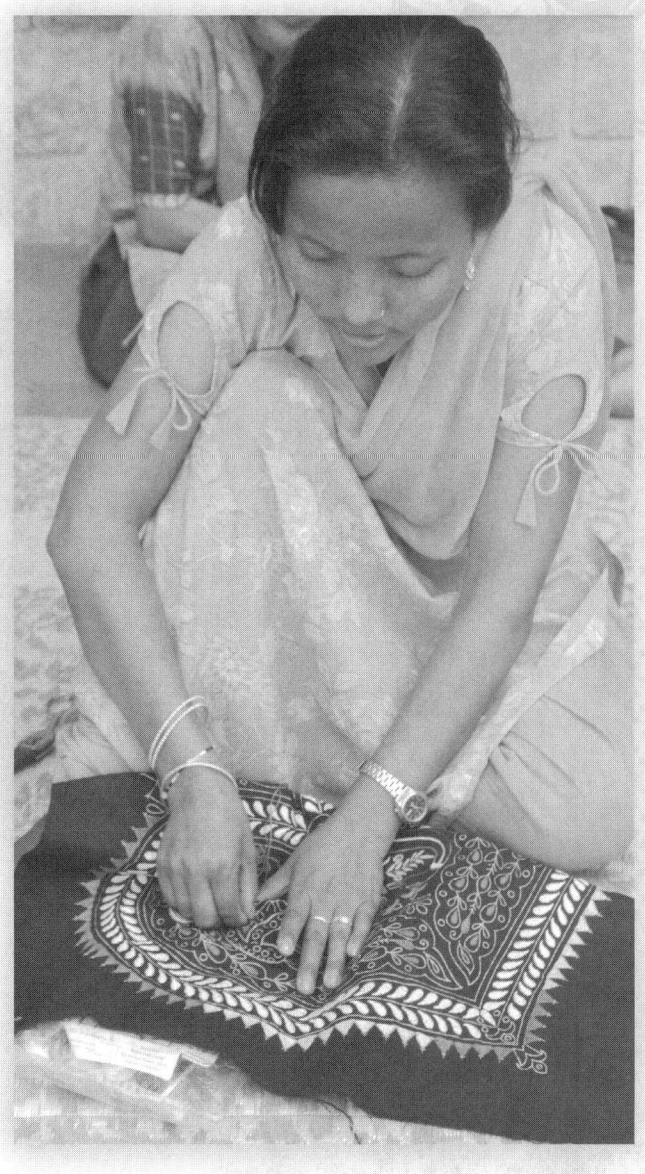

*"Las lágrimas derramadas
por uno mismo son lágrimas
de flaqueza, pero las lágrimas
derramadas por los demás son una
señal de entereza."*[1]
—Billy Graham

CAPÍTULO SIETE

UN MANDATO BÍBLICO

Los años de abuso en el burdel habían afectado mucho a Nikita, quien tenía 27 años de edad. Había padecido quemaduras de cigarrillos; comida contaminada; y encarcelamiento en un cúbico débilmente iluminado e infestado de insectos.

A Nikita la habían llevado a Bombay con la promesa de un buen trabajo. En vez de eso, fue forzada a la prostitución.

Con cada día que pasaba, ella se insensibilizaba más y se ponía más inánime. Estaba perdiendo la capacidad de sentir, y de responder a las exigencias sexuales de sus clientes.

El suicidio le parecía más y más atractivo.

Una noche un cliente insatisfecho, de bigote delgado y brazos fuertes, le dio una bofetada a Nikita.

Nikita quedó aturdida y chorros de sangre le comenzaron a salir de la nariz.

El hombre maldijo. "No sirves para nada", dijo

él. "¡Quiero que me devuelvan mi dinero!"

La madama se apresuró a entrar pidiéndole disculpa. "Le voy a dar a otra chica", le dijo.

"No. Yo quiero mi dinero."

La madama tiró las rupias al pecho del hombre y le gritó a Nikita. "Eres una desgracia para mí".

Momentos después Nikita perdió el juicio. Se quitó la ropa y salió corriendo desnuda por las calles gritando incontrolablemente.

Nadie quería acercársele por temor de que Nikita se pusiera violenta. Llamaron a la policía.

Una de las empleadas de Reto Juvenil de Bombay inmediatamente cubrió con una sábana a la temblorosa mujer.

Luego la empleada oró.

Al instante Nikita se calmó.

Luego comenzó a llorar.

El dueño del burdel llegó a la escena con una retahíla de insultos. "Yo no te necesito", gruñía él. "Es mejor que te mueras."

Cuando llegó la policía, pusieron a Nikita en libertad bajo la responsabilidad de K.K. Devaraj.

Cada día, durante 10 meses, las empleadas de RJB oraban que Dios sanara a Nikita de las cicatrices emocionales y de la culpabilidad que la agobiaba. Los consejeros se acostumbraron a sus arrebatos, amenazas y ataques físicos.

Algunos creían que Nikita había perdido la razón. Sólo un milagro podría sanarla. No obstante, siguieron orando y demostrándole el amor de Cristo.

Con el tiempo, Nikita volvió a sonreír. Y las palabras airadas e hirientes que llenaban sus sesiones de consejería desaparecieron. Comenzó a asistir a los cultos de la iglesia y se podía ver que trataba de cantar con todos los demás.

Un día, durante una sesión de consejería, Nikita preguntó si le podrían permitir orar.

"Sí, ora por favor", dijo la empleada.

La voz de Nikita era inusualmente suave y tranquilizadora.

"Amado Jesús, yo Te amo. Por favor ayúdame", oró ella, con los ojos llenos de lágrimas. "Yo necesito Tu ayuda."

Fue con eso que penetró en las defensas enemigas.

Dieciocho meses después una mujer vibrante, bellamente ataviada se dirigía a la plataforma para recibir honores por cumplir con un programa de preparación para discípulos. Dios había hecho en ella una milagrosa sanidad espiritual, emocional y física.

NUESTRO DEBER

El activista social judío Michael Horowitz documenta que, históricamente, los cristianos evangélicos lo han arriesgado todo para cuidar a las víctimas más vulnerables de la injusticia y la pobreza. Los seguidores de Cristo estamos persuadidos de que debemos responder a las tragedias como el tráfico de esclavas sexuales debido a nuestro compromiso de servir a Jesús al servir a los débiles, a los desfavorecidos y a los explotados. Nosotros creemos en el poder del evangelio para transformar la vida de jóvenes como Nikita. Nosotros creemos que es nuestro deber, basados en la Palabra de Dios, proclamar el valor de las mujeres y de las niñas.[2]

Toda vida humana es creada por Dios y estampada con su imagen (Génesis 1:27). El pecado ha deslustrado la vida, pero puede ser restaurada por la obra redentora de Jesucristo y el amor de Dios (2 Corintios 5:17; Gálatas 3:26). Cada persona es única en la creación de Dios, dotada con los dones de Dios y con un propósito ordenado por Dios. Como tal, todo hombre, mujer y niño por igual merece amor, respeto y dignidad (Gálatas 3:28,29).

La mujer es una creación de Dios (Génesis 1:27), amorosamente hecha a su imagen. Ella fue creada como una compañera igual y como ayudante para el hombre, para servir a Dios a su lado (Génesis 2:18). Dios bendijo a la mujer que Él creó y le dio autoridad junto con el hombre sobre las otras formas de vida que Él había diseñado (Génesis 1:28-30).

El valor que Dios da a Su creación femenina se revela en lo que Él les ordenó que hicieran para cumplir con Sus eternos propósitos en los momentos decisivos de la historia de Su pueblo. Dios llamó a Miriam, la hermana de Moisés y de Aarón, para ser profetisa y líder durante el éxodo de los israelitas de Egipto (Éxodo 15:20,21). Dios escogió a Débora, profetisa y esposa de Lapidot, para dirigir a los israelitas en la batalla contra los cananeos (Jueces 4). Rut, una mujer moabita, se estableció en la historia de Israel como antepasada del rey David (Rut 4:18-22) y de Jesucristo (Mateo 1:1,5). Dios ordenó soberanamente a la judía Ester para que fuera reina en una tierra de exilio y así pudiera salvar a Su pueblo de una segura destrucción (Ester 4:14).

El Nuevo Testamento también revela las maneras en que las mujeres fueron usadas como instrumentos para los propósitos de Dios en la vida y ministerio de Su Hijo Jesús. El favor de Dios para la joven María fue dramáticamente pronunciado por un ángel que dijo que ella daría a luz al encarnado Hijo de Dios (Lucas 1:30,31). Después de Su nacimiento, la anciana profetisa Ana asistió a la presentación del niño Jesús en el templo y anunció la significancia de Su nacimiento para los que buscaban la redención de Jerusalén (Lucas 2:36-38).

Durante las aterrorizantes horas de la crucifixión de Jesús, cuando la tierra tembló en agonía, María Magdalena, María la madre de Jacobo y de José y la madre de los hijos de Zebedeo atendieron

fielmente a su moribundo Señor (Mateo 27:55,56).
Después de la muerte de Jesús, unas mujeres
discípulas fueron a Su sepultura y descubrieron
que Él había resucitado (Lucas 23:55,56; 24:1-6).
Suya fue la gloria de anunciar por primera vez el
mensaje de la resurrección de Jesús que cambiaría
para siempre el curso de la historia.

JESÚS VALORABA A LAS MUJERES

La manera en que Jesús trató a las mujeres
durante su vida en la tierra también revela el
valor que Él les daba. Una vez, cuando pasó con
Sus discípulos por Samaria, Jesús le demostró
aprecio a una mujer samaritana cuando entabló
conversación con ella y le reveló Su identidad
como el Mesías (Juan 4:26). Jesús demostraba
respeto e interés por las mujeres en una cultura que
con frecuencia las relegaba a un estado secundario,
o quizás hasta inferior. Su relación con María y
Marta se refleja en Su preocupación por ellas en
la muerte de su hermano (Juan 11). El hecho de
que las hermanas comunicaron con libertad sus
frustraciones y temores a Jesús indicaba el nivel de
la amistad que Él tenía con ellas. Esta era la María
que le ungió los pies a Jesús con perfume muy caro
y le limpió los pies con sus cabellos (Juan 12:1-3).
En esa ocasión, cuando Judas públicamente hizo
objeción de su extravagante comportamiento,

Jesús públicamente defendió la devoción de María (Juan 12:7).

Lucas 13:10-17 nos da otra indicación de que Jesús estaba consciente de, y que se preocupaba por, las mujeres. Un día cuando enseñaba en una sinagoga, el Maestro vio a una mujer que llevaba dieciocho años encorvada. La llamó, puso las manos sobre ella y la sanó—para la indignación de los que estaban presentes. Reprendiendo a sus críticos por su hipocresía, Jesús honró a la regocijada mujer con un recordatorio de que ella era "hija de Abraham", merecedora de recibir la libertad de su esclavitud que Él le había dado.

En Lucas 8, una niña que había muerto y una mujer que hacía doce años padecía de hemorragias recibieron la compasión de Jesús. Cuando iba en camino para orar por la hijita de Jairo, Jesús sintió que alguien entre la multitud lo había tocado y que había recibido sanidad. Sabiendo quién era, Él llamó a la mujer de entre la multitud y la encomió por su gran fe (Lucas 8:47,48).

Hasta una mujer que estaba a punto de ser apedreada por los líderes religiosos fue tratada con amor y respeto por el Hijo de Dios. El apóstol Juan relata la dramática escena en que una mujer que había sido sorprendida en el acto de adulterio fue físicamente obligada por los fariseos que la acusaban a presentarse ante Jesús (Juan 8:1-11). Cuando le preguntaron cuál debía ser la suerte de esta mujer pecadora, Jesús no añadió a la

humillación de ella. Por el contrario, Él se dirigió
directamente a ella, reconociendo su pecado sin
condenarla. Él le ofreció un futuro libre de la
esclavitud al pecado. Con sus actos compasivos
con las mujeres y Su disposición para incluirlas
en Su vida y ministerio, Jesús reforzó el hecho de
que Dios creó a las mujeres para que recibieran Su
amor y su obra redentora.

Después de la muerte y resurrección de Jesús,
les tocó a Sus discípulos continuar con su obra,
llenos del poder del Espíritu Santo (Hechos 1:15;
2:4). Las mujeres, junto con los hombres, fueron
llamadas, dotadas y recibieron el poder de Dios
para los diversos ministerios dentro de la iglesia
primitiva. Entre las mujeres nombradas y elogiadas
por su lugar activo estaban: Priscila, colaboradora
del apóstol Pablo y maestra (Romanos 16:3;
Hechos 18:23-28) y Febe, diaconisa (Romanos
16:1,2). Muchos comentaristas creen que Junías,
a quien Pablo menciona y elogia en Romanos
16:7, era una mujer. En todos los escritos de Pablo
las mujeres son elogiadas por su ayuda en los
ministerios de la joven iglesia (Romanos 16:1-12).
Las mujeres no sólo fueron creadas por Dios y
recibieron la redención de Cristo, sino que también
fueron una parte integral de los ministerios del
cuerpo de Cristo bajo el poder del Espíritu.

Si creemos en el valor de toda vida humana,
incluso el singular y vital lugar que Dios ordenó
para las mujeres, no tenemos ninguna opción

sino luchar por las víctimas de la industria de la esclavitud sexual. Proyecto Rescate fue establecido para devolver a las mujeres la esperanza y la dignidad que el enemigo les ha robado.

LA GRAN COMISIÓN

Las últimas instrucciones de Jesús a Sus discípulos que están escritas en los Evangelios se encuentran en Mateo 28:18-20: "Jesús se acercó entonces a ellos y les dijo: —Se me ha dado toda autoridad en el cielo y en la tierra. Por tanto, vayan y hagan discípulos de todas las naciones, bautizándolos en el nombre del Padre y del Hijo y del Espíritu Santo, enseñándoles a obedecer todo lo que les he mandado a ustedes". "Todas las naciones" incluye a hombres, mujeres y niños de todo pueblo, idioma, casta y clase, sin importar las categorías económicas, sociales ni religiosas. Incluye a los millones de mujeres y niñas explotadas que están atrapadas en la horrenda maldad de la esclavitud sexual. La Gran Comisión nos obliga a ir, predicar y trabajar para traer nueva vida a las víctimas a través de Jesucristo, dondequiera que estén, y cualquiera que sea su condición. La promesa capaz de cambiar la vida de que cualquier hombre o mujer que esté "en Cristo" (en una relación de fe con Él) es una nueva criatura, se aplica no sólo a la mujer bien preparada que es parte de una junta empresarial, ni sólo a la ama de casa que vive en las afueras de la ciudad. La promesa es también para la adolescente prostituida que está muriendo de SIDA en un burdel de Bombay, India.

Pero ¿cómo se puede confrontar el rostro tenebroso y peligroso del mal llamado tráfico sexual y ver a las víctimas, como Nikita, ser transformadas sobrenaturalmente? La respuesta se encuentra en la Palabra de Dios, donde dice que Él obra a través de Su pueblo. Él nos da estrategias, valentía, poder, ideas y recursos para usar para su gloria, para ministrar a las mujeres y niñas que están en necesidad. Él desea rescatarlas y restaurarlas más de lo que nosotros deseamos hacerlo. Él simplemente está buscando gente que esté dispuesta a hacer su parte, a levantar las manos y decir: "Señor, muéstrame lo que yo puedo hacer".

Jesús dijo: "El Espíritu del Señor está sobre mí, por cuanto me ha ungido para anunciar buenas nuevas a los pobres. Me ha enviado a proclamar libertad a los cautivos y dar vista a los ciegos, a poner en libertad a los oprimidos, a pregonar el año del favor del Señor"(Lucas 4:18,19). Así mismo Él nos está llamando a trabajar en todo el mundo por la libertad de las mujeres y de las niñas víctimas de la brutalidad en el poder de Su Espíritu. Él nos está llamando para que les llevemos sanidad física, espiritual y relacional.

SUPLIR NECESIDADES

Tanto con Sus palabras como con Sus hechos, Jesucristo demostró que Él vino a la tierra para traer sanidad y nueva vida a la persona total—cuerpo, alma y espíritu. Al mismo tiempo que se proclamaba ser el pan de vida por medio de quien todo el que cree tiene vida eterna (Juan 6:48-51), el Hijo de Dios demostró tangiblemente Su preocupación por el bienestar físico, emocional, mental y relacional de la gente.

Los Evangelios están llenos de historias de cuando Jesús suplió las necesidades físicas de hombres, mujeres y niños. Cuando Jesús salía de Jericó, por ejemplo, se encontró con dos ciegos al lado del camino. Él respondió a sus súplicas y milagrosamente les dio la vista (Mateo 20:29-34).

Jesús también suplía las necesidades espirituales. En Marcos 9:17-27, un angustiado padre llevó a su hijo a Jesús. El muchacho estaba controlado por espíritus malos y padecía de violentos ataques. Jesús confrontó el poder demoníaco y, al instante, el muchacho experimentó libertad espiritual. Cuando le llevaron a la mujer que había sido sorprendida en adulterio y que estaba a punto de ser apedreada por su pecado, Jesús rompió todas las normas religiosas y culturales ofreciéndole perdón y una nueva vida sin pecado (Juan 8:1-11).

La mujer samaritana estaba en una serie de relaciones que revelaban fracaso relacional, muerte espiritual y marginación social. En vez de devaluarla por sus fracasos, Jesús se dirigió a su vida con la verdad de que Él es el Mesías. La mujer, muy emocionada, anunció a todos su encuentro con el Hijo de Dios quien le había cambiado la vida (Juan 4:1-26).

La sanidad relacional, o de relaciones, también era importante para Jesús. En Lucas 15, Él contó la historia de un amoroso padre que lloraba por el hijo que se fue de casa en un viaje de destrucción de sí mismo. Cuando el hijo se dio cuenta de que estaba desperdiciando su vida y los recursos de su padre, regresó a casa con un corazón arrepentido. El padre corrió a recibir a su hijo perdido, lleno de perdón y esperanza de restauración. El padre perdonador, restaurador, amoroso es una poderosa imagen para la destrozada humanidad, para la gente en todo lugar que ha perdido su relación con su Padre celestial. En Mateo 22:37, Jesús declaró que el mayor mandamiento es: "Ama al Señor tu Dios con todo tu corazón, con todo tu ser y con toda tu mente". Este supremo propósito para todos los hombres, mujeres y niños sólo se puede lograr cuando han sido tocados por el amoroso poder del Hijo de Dios en todas las dimensiones de la vida.

UN VIAJE

Sin embargo, orar pidiendo sanidad y liberación para las mujeres que están en esclavitud sexual y luego verlas volver al burdel, es algo que desgarra el corazón. Pero hemos aprendido que la libertad espiritual y física con frecuencia es un viaje, bastante como el éxodo de los israelitas de la esclavitud en Egipto. Con frecuencia es un sendero, en vez de un traslado instantáneo. A veces la libertad espiritual llega antes de poder obtener la libertad física; en otros casos, la libertad física se negocia primero, y la libertad espiritual, emocional y mental sigue a medida que la víctima experimenta el amor y la sanidad de Cristo en un Hogar de Esperanza. No importa el momento ni el orden de los sucesos, al final Jesús es el Único que puede dar, y que da, libertad total y nueva vida a las que están en esclavitud. Una y otra vez, lo hemos visto honrar Su Palabra. Hemos visto Su amor penetrar en los lugares tenebrosos, depravados y transformar la vida de mujeres esclavizadas.

El tráfico de personas no es un fenómeno nuevo. La Biblia contiene muchas referencias a la esclavitud, al prejuicio y al abuso. José, en Génesis 37:13-28, fue vendido como esclavo por sus hermanos. Los israelitas fueron esclavos de los egipcios en Génesis 46 y 47. Pero, una y otra vez, Dios obró a través de las circunstancias y usó a hombres y mujeres para traer justicia. José fue elevado a un puesto de gran influencia. Los israelitas también fueron liberados de la esclavitud.

Cuando Jesús vino hace 2.000 años, Él vino a proclamar libertad para los oprimidos y poner en libertad a los cautivos. Él vino para liberarnos de las consecuencias del pecado y así pudiéramos heredar la vida eterna. Y, como seguidores de Cristo, se nos manda trabajar con Él para abolir todas las formas de esclavitud e injusticia.

[Yo he visto] *"personalmente las vulnerabilidades que resultan de la guerra, de la depresión y del desplace económico. Bajo esas condiciones, es fácil ver cómo es que las mujeres y los niños están más expuestos y son más vulnerables a ser explotados."*[1]

—Angelina Jolie

CAPÍTULO OCHO

INTERVENCIÓN, RESTAURACIÓN, PREVENCIÓN

El poder del toque transformador de Jesús era evidente en los ojos de Nalini. Cuando ella comenzó a asistir a los cultos de nuestra iglesia ella tenía el aspecto de una mujer acabada. Era taciturna, enojada e insensible. Los años de sufrimiento a manos de los hombres, añadidos a los años de infligir brutalidad a otras mujeres, le habían robado a Nalini su gozo y su paz.

"¿Por cuánto tiempo has estado en prostitución?" le preguntó una de nuestras empleadas.

Nalini consideró la pregunta, luego dijo: "Yo era prostituta, ahora soy madama".

Nos preguntamos si por ser madama ella creía que sería bien recibida. Después de todo, las madamas típicamente son exigentes con las chicas. Ellas tienen un lugar crucial en el confinamiento y

la disciplina de las mujeres a quienes prostituyen.
La relación entre ellas raramente es pacífica.

"Nosotros te recibimos en el nombre del Señor",
dijo la empleada. "Ven y adora con nosotros."

Nalini se quedó en el culto de la iglesia ese
día. Pocos días después ella asistió a otro culto.
Así siguió y con el tiempo ella entregó su vida a
Jesucristo.

De repente se veía algo vibrante en ella.
Los ojos le brillaban con esperanza y sonreía
generosamente.

"¡Tengo tanto gozo y paz!", exclamó. "¡Dios es
grande!"

Nos regocijamos con Nalini. Durante meses
ella venía a la iglesia, luego volvía a administrar
su burdel. Esto podría serle difícil de comprender
a un cristiano occidental. Pero en Bombay no
podemos exigir que la mujer deje el burdel, aunque
hacemos todo lo posible para ayudarle a obtener
su libertad.

Hasta con las madamas, que tienen más poder
y corren menos riesgo si dejan el burdel, es una
situación delicada el abandonar su único medio de
ganarse la vida. Para esas mujeres, dejar el burdel
es una proposición aterradora. Encontrar trabajo
honorable les es casi imposible. Fácilmente podrían
acabar en el burdel en prostitución … o en la calle
sin un céntimo.

Un día Nalini llegó a la iglesia, las lágrimas
corriéndole por las mejillas. Ella respiraba

agitadamente y las empleadas temieron que algo terrible le había sucedido.

"¿Qué te pasa, Nalini?"

"Ya no puedo hacer esto. No puedo retener a las chicas."

La empleada de Proyecto Rescate asintió con la cabeza. "Yo comprendo. Jesús comprende."

"Me siento muy mal por ser madama", admitió Nalini derramando una cascada de lágrimas.

"Dinos cómo podemos ayudarte."

La madama se secó las lágrimas. "Voy a dejar ir a todas mis chicas y quiero que ustedes usen mi burdel como salón de oración."

La empleada sonrió. "Le voy a comunicar tu oferta al tío Devaraj. Él se va a alegrar mucho. Dios te va a honrar a ti."

Gracias a Nalini, hoy hay un salón de oración en el corazón de la zona roja que también sirve de clínica, local de cuido nocturno y punto de distribución de comida y ropa.

La historia de Nalini ilustra la importancia de nuestro método de tres flancos para ministrar: intervención, restauración y prevención.

INTERVENCIÓN

El primer Hogar de Esperanza de Proyecto Rescate se abrió para ser un lugar de seguridad, sanidad y cuido compasivo. Ha crecido hasta ser un ministerio de rescate multidimensional para las víctimas del tráfico sexual y sus hijos. Más de 1.000 mujeres y niñas victimadas en India y Nepal han recibido ayuda. Aunque el ministerio ha crecido hasta tener 11 Hogares de Esperanza en nueve ciudades del sur de India—incluyendo Bombay, Kolkata, Pune, Nagpur y Katmandú— permanece siendo un ministerio de esperanza y recuperación.

La intervención incluye esfuerzos para rescatar físicamente a las mujeres y a las niñas de la esclavitud sexual. Para lograrlo, se hace necesario de un proceso complejo y largo que básicamente abarca tres elementos principales:

1. Negociamos la libertad de las mujeres y de las niñas que están esclavizadas en los burdeles.

2. Aceptamos en los Hogares de Esperanza a las víctimas del tráfico sexual durante las redadas que hace la policía en los burdeles.

3. Intervenimos para sacar de los burdeles a los hijos de las mujeres prostituidas durante las horas de trabajo y para llevarlos a los Centros de cuido nocturno de Proyecto Rescate.

Cuando se negocia para sacar del burdel a una joven la gente supone que el dinero tiene que ver con eso. Durante el primer año de la existencia de Proyecto Rescate, los que trabajan con Reto Juvenil de Bombay pagaban a las dueñas del burdel algunas de las "deudas" de las jóvenes para obtener su libertad. Sin embargo, pronto se hizo claro que esta estrategia volvía a poner el dinero en las manos de los miembros del crimen organizado y de los procuradores para obtener otras esclavas sexuales jóvenes. Como resultado, los que trabajan con Proyecto Rescate ahora tratan todos los medios posibles en el proceso de negociación sin ofrecer pago. Se han establecido relaciones de trabajo con la policía, con los dueños de los burdeles, con las madamas y hasta con las jóvenes que trabajan en la zona roja. Estas relaciones han sido muy valiosas para el ministerio y para nuestros esfuerzos para sacar de los burdeles a las jóvenes. Devaraj y otros que trabajan con Proyecto Rescate han llegado a ser conocidos por su genuina compasión hacia toda la gente de la zona y por su disposición para demostrar el amor de Cristo de maneras tangibles.

Siendo que Proyecto Rescate ha crecido y ha probado ser una organización cristiana de credibilidad en India, la policía en varias ciudades ahora se pone en contacto con los administradores de Proyecto Rescate cuando hace redadas y arrestan a las jóvenes.

El cuido posterior administrado por el estado para las víctimas rescatadas durante las redadas policíacas es mínimo. Proyecto Rescate interviene al ofrecer locales de cuido postrero de calidad que dan a las mujeres un lugar seguro para recuperarse. El Hogar de Esperanza de

Proyecto Rescate en Pune, India, es un proyecto experimental en asociación con el gobierno. El acuerdo permite mandar a las jóvenes al Hogar de Esperanza de Proyecto Rescate de Pune para que reciban intervención y restauración. Si esta colaboración tiene éxito, habrá oportunidades para expandir.

También hay intervención mediante los "centros de cuido nocturno" en Bombay, Nagpur y Kolkata. Los edificios contiguos a las zonas rojas ofrecen lugares seguros para los hijos de las mujeres esclavizadas. Los centros son especialmente críticos para los niños vulnerables, pues nos permiten sacarlos del cuarto de su madre cuando ella está prestando servicio a los clientes. Al igual que los centros tradicionales de cuido diurno, los centros de cuido nocturno de Proyecto Rescate ofrecen comida nutritiva, clases y un lugar donde los niños puedan dormir. Los niños también aprenden acerca del amor de Dios para ellos y del poder de Dios para cambiar sus circunstancias.

RESTAURACIÓN

La estrategia de restauración de Proyecto Rescate va dirigida a las necesidades físicas, emocionales, espirituales y educacionales de las mujeres y de las niñas rescatadas, durante el proceso de hacerlas discípulas. La restauración incluye los siguientes componentes que se ofrecen en todos los Hogares de Esperanza que funcionan como una comunidad cristiana humanitaria:

- Atención médica general
- Consejería para el trauma del abuso y de la explotación
- Preparación básica en alfabetismo
- Discipulado cristiano
- Preparación vocacional que lleva a la independencia económica
- Cuido de hospicio para las mujeres que están muriendo de SIDA en Katmandú, Nepal y Bombay.

Cuatro de los once Hogares de Esperanza de Proyecto Rescate en el sur de Asia también se concentran en ministrar a los hijos de las mujeres prostituidas. En Kolkata y en Nagpur—como también en Bombay—las mujeres esclavizadas en la zona roja han estado dispuestas a entregar a sus hijas para que puedan escapar de los horrores de los burdeles. Se ha establecido confianza entre las cuidanderas de Proyecto Rescate y las madres, cuando ven que sus hijas reciben atención y cuido. Como resultado, las madres esclavizadas en los burdeles han tomado valor para pedir ayuda y comenzar su propio viaje hacia la sanidad física, espiritual y emocional.

Un alto porcentaje de las mujeres que están atrapadas en la esclavitud sexual en Bombay proceden de las aldeas afectadas por una gran

pobreza en Nepal. A las que desean volver a
su casa en Nepal, el ministerio les ayuda en
los trámites de repatriación y les ofrece cuido
posterior en el Hogar de Esperanza de Katmandú,
Nepal. Si las mujeres desean reconectar con su
familia, los que trabajan con Proyecto Rescate
facilitan ese proceso.

Sin embargo, siendo que un mayor porcentaje de
las mujeres que son rescatadas son VIH positivas o
ya padecen de SIDA, no siempre son bien recibidas
por su familia en las comunidades de Nepal. En
esos trágicos casos, las empleadas del Hogar de
Esperanza y otras mujeres rescatadas que están en
el programa llegan a ser su nueva familia. Ellas
rodean a sus "hermanas" en Cristo con amor,
dignidad y apoyo durante sus últimos días de vida.

Algunas de las trabajadoras más eficaces de
Proyecto Rescate son las que han sido madamas.
Habiendo sido ellas mismas rescatadas de los
burdeles, con valentía van al distrito y se esfuerzan
por liberar a otras mujeres esclavizadas y llevarlas
a una vida nueva y de plenitud en Cristo. Una
anterior madama era honrada como diosa durante
los festivales religiosos por su poder demoníaco.
Al ser transformada por el amor de Cristo, ella
comenzó a sacar a otras mujeres de la esclavitud
sexual y a educarlas en su viaje de fe.

PREVENCIÓN

Es mejor tratar con las posibles tragedias
al prevenirlas. Salvar a las jóvenes antes que
padezcan dificultades es uno de los aspectos de
Proyecto Rescate que más satisfacen. Juntos,
los que trabajan con Proyecto Rescate, los que
apoyan el ministerio y los líderes han mantenido
a un sin número de jóvenes fuera de los burdeles.
Para hacerlo es necesario implementar medidas
preventivas. A continuación está nuestra estrategia
básica:

- Proveer de casas seguras—Hogares de
  Esperanza—a las hijas de mujeres prostituidas
  antes que ellas mismas sean forzadas a la
  esclavitud sexual.
- Tener proyectos para impartir conocimientos
  sobre el SIDA y el tráfico sexual en las zonas
  de alto riesgo en el oeste de Nepal y en el norte
  de India.
- Intervenir en la venta de niñas y mujeres a los
  traficantes.
- Implementar estrategias en las fronteras entre
  Nepal e India.

Los Hogares de Esperanza, establecidos para
las hijas de mujeres prostituidas, directamente
las salvan de una vida de esclavitud sexual en los
burdeles. Por lo general, las hijas son llevadas a
los Hogares de Esperanza por petición de la madre
o de las madamas cuando las madres mueren. El

personal está muy a favor del contacto continuo entre madre e hija. Se anima a las hijas que oren regularmente por las madres que todavía están esclavizadas. Mientras tanto, a las niñas que estaban destinadas para la explotación sexual se aman y se cuidan en un lugar seguro, y reciben educación para que lleguen a ser las mujeres para que Dios las creó.

También se implementa la prevención en las zonas occidentales de la nación de Nepal, como también en el norte de India. Los procuradores que trafican a las niñas de Nepal a los burdeles indios tienden a ir a las mismas zonas pobres para convencer a las familias que vendan a sus hijas. Proyecto Rescate, en asociación con las iglesias de las Asambleas de Dios de Nepal, ha llevado a cabo proyectos de concientización en las comunidades para educar a las familias en los lugares de alto riesgo.

Las Comunidades de Esperanza en el oeste de Nepal fueron establecidas como bases de concientización para adultos, preparación básica en alfabetismo para las niñas, clínicas médicas y ministerio espiritual en la comunidad local. Se necesita establecer comunidades similares por todo el mundo donde exista el tráfico sexual de seres humanos.

A medida que el ministerio de Proyecto Rescate se está llegando a conocer, otro aspecto de la prevención ha comenzado a tomar forma. En varias ocasiones, el personal de ministerio ha sido notificado confidencialmente por los aldeanos interesados, de que una familia está en el proceso de negociar la venta de una hija a los traficantes. El personal ha podido intervenir y prevenir la venta de varias niñas a la esclavitud sexual ofreciéndoles ayuda económica a los empobrecidos padres y haciendo arreglos para que pongan a su hija en un hogar u orfanatorio cristiano.

El método de tres flancos de Proyecto Rescate viene de la Palabra de Dios. A través de la Biblia vemos que el método de Dios es restauración, intervención y prevención. Él sana a las personas física y emocionalmente. Él interviene en la vida de los que van en camino a la destrucción. Y Él les da un mapa del camino que les evitará experimentar menos de lo mejor que Dios tiene para su vida.

"En el mundo hay gente con tanta hambre, que Dios no se les puede aparecer a menos que no sea en la forma de pan."[1]

—Mahatma Gandhi

CAPÍTULO NUEVE

UN PLAN DE ACCIÓN

A los 16 años de edad Ayushi ya había padecido más de cuatro años de violación, abuso y descuido. Los efectos habían sido atroces y se habían complicado por sus sentimientos de depresión y sus pensamientos de suicidio. A veces, cuando ella tenía algún momento libre, se escapaba al techo de su burdel y se paraba en la orilla. Al ver hacia abajo y oír la actividad de la ciudad, ella contemplaba la idea de tirarse. Pero cada vez que sentía la valentía de hacerlo, una de las madamas aparecía y la alejaba del peligro.

"Tú no puedes negar tu karma", la regañaba la madama, al mismo tiempo que le daba una bofetada a Ayushi. "Esta es tu vida. Acéptala."

La miseria de Ayushi aumentaba cada noche cuando los hombres descendían a la Calle Falkland, mirando el burdel con lascivia como demonios buscando a quién poseer. Cuando el primer cliente de la noche entró al cuarto de

Ayushi, todas las fibras de su cuerpo le gritaban que corriera a un lugar seguro. Pero ella estaba entrenada a someterse a sus exigencias.

Parecía como si el hombre, como muchos antes que él, le hubiera arrancado una pequeña parte de su alma.

Habiendo ya soportado repetidas violaciones, Ayushi clavaba la vista en un futuro de interminables noches como ésta. Ella decidió que nada sino la muerte podía librarla de su lúgubre existencia. El día siguiente buscó algo que comer mientras volvía a contemplar el suicidio. Lloraba en silencio y pasó la mayor parte del día metida en su cama. Al caer la noche ella sofocó sus sollozos y se tiró del pelo.

"Si este comportamiento persiste le voy a dar una paliza", amenazó una de las madamas de Ayushi, a la puerta de su cuarto.

Ayushi oyó las palabras de la mujer, pero ya no le importaba. Quizás una buena paliza le daría una salida … la muerte. Mientras las otras jóvenes se preparaban para la noche, Ayushi salió corriendo de su cuarto, corrió por el pasillo y pasó entre las madamas. Ellas la detuvieron por el brazo y la insultaron y la amenazaron, pero ella se soltó y se lanzó a la calle.

Los ojos de Ayushi se movían de un lado a otro en busca de un vehículo veloz que diera fin a su miseria. Perdida en el laberinto de las calles, se derrumbó sollozante en un promontorio al lado de la calle. Las madamas la encontraron y sin ninguna compasión la arrastraron de regreso al burdel.

Golpearon sin misericordia a Ayushi y la metieron en un cuarto asqueroso. La gruesa puerta de metal se cerró de golpe detrás de ella y el candado hizo un chasquido cuando lo cerraron.

"Puedes salir cuando estés lista para trabajar", le dijo la madama con un tono como si escupiera las palabras.

Días después, le permitieron a Ayushi volver a su puesto. Su mirada indiferente y su cuerpo lánguido eran lúgubre evidencia física de que su espíritu y su voluntad habían sido destrozados definitivamente.

Al dueño del burdel le desagradó ver su vacía mirada. Su preciada inversión que antes estaba llena de vida ahora era prácticamente inservible. Ahora él sólo podía sopesar el valor de la cama que ella ocupaba. "Échenla a la calle", exigió él. En un extraño acto de aparente bondad, las madamas le rogaron que la dejara quedarse. Pero sus razones para hacerlo tenían muy poco que ver con la compasión … y todo con el dinero.

"Ella es la más bella de todas las chicas", dijeron. "Debemos llamar a K.K. Devaraj. Quizás él pueda ayudarle."

El dueño del burdel contempló la recomendación de las madamas.

"Lo voy a llamar", dijo él.

Devaraj había aprendido que para sobrevivir como ministro en la Calle Falkland él tenía que

establecer una intricada red de relaciones que
se extendiera desde las jóvenes explotadas a los
dueños de los burdeles y hasta la oficina del jefe
de policía. En la superficie, el forjar relaciones
con hombres así parecería peligroso. Pero Devaraj
sabía que el hacerlo establecería buena voluntad
y lo pondría en una posición para rescatar a más
jóvenes y compartir su fe en Cristo.

Menos de una hora después de recibir la llamada
del dueño del burdel, Devaraj se encontró sentado
al lado de la cama de la joven. Él oró por ella y le
pidió a Dios que le sanara el cuerpo, el alma y el
espíritu.

"Debemos llevarla a un hospital", dijo él,
mirando al dueño del burdel. "Necesita atención
médica."

El dueño del burdel miró a Ayushi y consideró la
petición de Devaraj. "¿Le gustaría comprármela?"

"No", dijo Devaraj. "Yo estoy aquí para
ayudarla, no para ser su dueño."

El dueño pesó sus opciones.

"Entonces haga lo que quiera con ella", dijo él
con un movimiento de la mano. "Ya no me sirve
para nada. Es suya."

Con toda prisa, Devaraj y sus compañeros
sacaron a la joven del burdel y la llevaron al
hospital.

Semanas después, cuando Ayushi salió del
hospital, el grupo de Devaraj la llevó a uno de los
Hogares de Esperanza. Ahí ella aceptó a Cristo

como su Señor y Salvador. Su deseo se había hecho realidad. La muerte había llegado a su vida anterior y una nueva vida había comenzado.

NEGOCIAR LA LIBERTAD

En Bombay, la libertad para las jóvenes no se obtiene sin un precio. Desde el momento en que llegan a los burdeles, ya están endeudadas con sus dueños por unas cantidades de dinero que les tomará literalmente muchos años—si no una vida entera—para pagar la deuda. Para muchas jóvenes, la enfermedad y la muerte llegan mucho más antes de poder arreglar las dichas deudas.

Gracias a la obra compasiva de Devaraj y su grupo en la Calle Falkland, él se ha ganado la confianza de la comunidad. Algunos dueños de burdeles han expresado su gratitud con perdonar las deudas de las jóvenes y entregárselas al RJB-Proyecto Rescate. Han visto los exámenes médicos gratis, las entregas de alimentos y el interés por los niños. Como dice Proverbios 18:16: "Con regalos se abren todas las puertas".

Los de la Calle Falkland han visto que no estamos ahí para explotarlos, sino más bien para ayudarles. Devaraj ha llegado a ser reconocido en la comunidad como un hombre de Dios. La policía y los políticos han estado dispuestos a ayudarle a poner en libertad a las niñas de ciertas circunstancias.

"Hay una joven en este burdel", Devaraj podría decirle a un oficial de policía. "Ella es seguidora de Jesús y esperamos y oramos que un día ella sea libre".

"Yo voy a hablar con el dueño del burdel y voy a ver qué puedo hacer", el oficial podría responder.

Y, ocasionalmente, el Señor pone convicción en el corazón corrupto del dueño del burdel y lo hace darle libertad a la joven.

¿OLVIDARÁS?

En 1997 anduvimos por la Calle Falkland con Devaraj y sentimos que el corazón se nos rompía. Tuvimos una sensación de desesperanza al enterarnos de que literalmente miles de niñas estaban siendo brutalizadas y explotadas.

Algo se alzó dentro del alma. Era como si Dios nos estuviera interrogando: *¿Quién será padre para estas pequeñitas? ¿Simplemente las olvidarás? ¿Qué me vas a permitir hacer por medio de ti?*

Mientras orábamos con Devaraj, sabíamos que teníamos que ayudar a las niñas a encontrar una salida de los burdeles. Teníamos que ofrecerles una alternativa a la vida miserable que tenían. Fue entonces cuando comenzamos a dar luz al problema y a pedir a los creyentes de todo el mundo que se unieran a Proyecto Rescate para establecer Hogares de Esperanza y refugios para los niños que están en peligro.

Desde entonces, muchas mujeres prostituidas y sus hijos han aceptado a Jesús como su Señor y Salvador. Han sido rescatadas de los burdeles y han recibido preparación y educación. Y están siendo reunidas con su familia. Proyecto Rescate sigue creciendo, lo que quiere decir que más mujeres y niños pueden experimentar sanidad y encontrar propósito en su vida.

En *Bombay, India*, hay un Centro de Reto Juvenil, una clínica de VIH y un refugio para mujeres Hogar de Esperanza. Tres hogares más se construyeron para los hijos de las mujeres prostituidas, donde aprenden computación, matemática, lectura y más. También se estableció un refugio de cuido nocturno para los bebés, para que pudieran escapar de los horrores de los burdeles. Además, se abrió un salón de oración en el mismo local donde antes había un burdel.

En *Ashagram, India*, se desarrolló una granja de 48 acres, que sirve como centro de restauración y preparación vocacional. Ahí hay cuatro casas donde residen las mujeres y reciben clases de costura, bordados, artesanías de cuero y bisutería.

En *Katmandú, Nepal*, se han establecido centros de Hogar de Esperanza y de Comunidad de Esperanza para ayudar a las mujeres a integrarse en la comunidad y ministrarles. También se les ofrece preparación vocacional y consejería a las mujeres que están tratando de volver a restablecer su vida. Los proyectos que producen entradas— como hacer carteras y bolsos, mantos y diarios para vender—también han ayudado a las mujeres que están en camino hacia la recuperación y la significancia.

En *Nepalgunj, Nepal*, se han establecido varios programas para ayudar a que las mujeres victimadas vuelvan a recuperar su dignidad y que fijen un curso para una vida mejor: preparación vocacional, consejería, educación para niños, grupos de oración, nutrición e higiene y más.

En *Kolkata, India*, el hogar para niñas es un local residencial para las niñas que corren alto riesgo de ser abusadas sexualmente y de contraer VIH. Un centro de cuido nocturno ofrece un ambiente seguro en el que pueden aprender los niños que viven en la calle o en los burdeles. También se ha emprendido una iniciativa de preparación vocacional para las mujeres que quieren aprender un oficio y salir de la prostitución.

En *Madrás, India*, el Hogar de Esperanza les da a las niñas la oportunidad de asistir a la escuela y madurar en su amor para Dios. Trabajando en sociedad con la Iglesia Nueva Vida de las Asambleas de Dios, que tiene 35.000 feligreses, el Hogar de Esperanza de Proyecto Rescate les ofrece un nuevo comienzo a las niñas que son explotadas y a las que están en riesgo.

En *Pune, India*, el Hogar de Esperanza de Proyecto Rescate ofrece un lugar seguro para las adolescentes rescatadas de los burdeles durante las redadas que hace el gobierno. Las jóvenes reciben educación, comida, ropa e instrucción bíblica.

HOGARES DE ESPERANZA

Cuando las niñas llegan a un Hogar de Esperanza, se les anima a que hablen de sus temores, ira, odio y otras emociones. El hacerlo es un camino rápido hacia la sanidad.

También las animamos a que escojan un nuevo cumpleaños y un nuevo nombre. Muchas de las niñas no saben su edad ni cuándo nacieron. Les permitimos que escojan su cumpleaños. Muchas escogen el día en que fueron bautizadas. Un hecho tan sencillo puede significar tanto para la persona que está tratando de recoger los pedazos de una vida destrozada.

Los Hogares de Esperanza permiten que las niñas y las mujeres vivan en un ambiente holístico que satisface sus necesidades. Tratamos de darles valores cristianos para que puedan reintegrarse con seguridad a la sociedad. Las educamos, dándoles habilidades para diferentes trabajos, las llevamos a la iglesia y las preparamos para la vida diaria.

Durante años muchas de las mujeres han sido forzadas a usar su cuerpo para *conseguir* dinero.

Nosotros les enseñamos a usar las habilidades que han adquirido para *ganar* dinero. Cuando salen del hogar, muchas mujeres pueden generar entradas y sostenerse haciendo y vendiendo productos hechos a mano.

Pabita, de 17 años de edad, llegó al Hogar de Esperanza de Katmandú en Nepal después de haber sido rescatada de los burdeles por los oficiales de policía en India. Su historia es similar a la de muchas jovencitas en India y en Nepal. Su madre era alcohólica y le pegaba a Pabita todos los días. Cuando Pabita tenía 15 años ya no podía soportar más, de modo que se escapó.

Una mujer de la aldea hizo amistad con ella y la invitó a que se quedara en su casa. Era una trampa. Después de varios días la mujer endrogó a Pabita y la puso en un tren para Bombay, donde se encontró trabajando en un burdel. La jovencita tenía que servir a un sinnúmero de hombres, todos los días.

Milagrosamente, después de ocho meses, ella fue liberada del burdel por la policía y la mandaron de regreso a Nepal. Pero los golpes que su madre le daba escalaron. Así que Pabita huyó al Hogar de Esperanza.

Después de un año de vivir en un ambiente seguro y libre de peligros, y de ver el amor incondicional de Dios que le demostraban, Pabita experimentó sanidad espiritual y emocional. Hoy ella conoce a Jesús como su Salvador y por primera vez tiene esperanza de un futuro. Todos los días asiste a las clases y tiene aspiraciones de llegar a ser enfermera.

"Dedícate a la noble lucha por los derechos humanos. Harás de ti una gran persona ... y un mundo mejor en que vivir."

"Alguien debe tener suficiente sentido y suficiente religión para romper las cadenas del odio y de la maldad, y esto sólo se puede hacer a través del amor."[1]

—*Martin Luther King, Jr.*

CAPÍTULO DIEZ

UNA ESTRATEGIA GLOBAL

Joi había sido prostituida desde que tenía 11 años. Pero ella quería una vida mejor para su hija de 18 años, Maya. Ella pagaba para que Maya se quedara en un hostal, en vez de vivir en el burdel. Pero a medida que Joi comenzaba a envejecerse y las arrugas en el rostro se le hacían más pronunciadas, los clientes no se interesaban mucho en sus servicios. El dinero se escaseaba y su madama se hacía más y más exigente.

"Joi, debes conseguirnos más dinero o te vamos a echar a la calle", dijo la madama.

"Pero si yo se lo doy todo", contestó Joi.

"No es suficiente", dijo bruscamente la madama "¿Qué puedo hacer?"

La madama contestó rápidamente. "Tráenos a Maya. Deja que ella tome tu lugar. Ella está joven. Tiene el cutis suave. Los hombres ya no te quieren a ti."

"¿Mi hija?"

"Sí, te vamos a pagar."
"No, mi hija no. Yo me voy a esforzar más",
dijo Joi.
"No importa lo que tú hagas, Maya se va a
hacer prostituta. Los dioses lo han dicho. Es el
lugar de tu familia", dijo la madama.
Joi cerró los ojos llena de agonía. "¿Cuánto va a
dar por ella?"
"Tráela y vamos a ver lo que puede conseguir",
dijo la madama.

Joi llamó a su hija, sin saber que Maya ya había
sido abusada y violada por los hombres en el
hostal desde que era muy pequeña. Pero ahora
nada de eso le importaba a Joi. Para vivir, no tenía
otra salida sino vender a Maya a la esclavitud.

Por varios años, Maya soportó el dolor de
la traición de su madre y la brutalidad de los
hombres que ni sabían su nombre. Finalmente,
un día ya no pudo más; se escapó del burdel y
encontró el camino al Hogar de Esperanza.

Cuando Rebecca, nuestra hija mayor, conoció
a Maya, encontró a la joven tan emocionalmente
cicatrizada que no tenía ninguna expresión en el
rostro y no respondía. Rebecca la animó a que
escribiera acerca de sus sentimientos y temores.
Ella escribió de cuando trató de escaparse del
burdel, y de cómo el dueño amenazó matarla.
Ella escribió de su deseo de acabar con su vida.
Cuando Maya leyó a Rebecca partes de su diario,

ella comenzó a llorar.

Rebecca puso los brazos alrededor de la joven y dejó que llorara hasta que ya no tuvo más lágrimas.

"Tía Rebecca, ¿cuándo voy a dejar de recordar?" preguntó ella.

Rebecca contestó: "Tú siempre vas a recordar, pero con el tiempo no te va a doler tanto. Sigue dando a Jesús tu dolor y pídele que te ayude a perdonar a los que te han hecho tanto daño."

Maya asintió con la cabeza, "Bueno".

Semanas después, Maya accedió a contar su historia por medio de una danza interpretativa. Ella se movía con tanta gracia y emoción, como alguien que había estudiado ballet en la ciudad de Nueva York.

Todas las chicas aplaudieron.

Maya sonrió un poco y sus ojos inexpresivos cobraron vida.

"Tía Rebecca", dijo Maya. "Yo quiero que sepa que antes yo siempre estaba llorando por dentro, pero ahora también sonrío por dentro."

Rebecca otra vez abrazó a la joven, diciéndole: "Nosotros te amamos. Jesús te ama. Ahora estás segura. Nunca jamás vas a tener esa vida. Es parte de tu pasado, pero ya no es tu futuro."

Como a todas las mujeres rescatadas de la zona roja, a Maya se le dijo que hiciera suya la promesa de Ezequiel 36:25-27: "Los rociaré con agua pura, y quedarán purificados. Los limpiaré

de todas sus impurezas e idolatrías. Les daré un
nuevo corazón, y les infundiré un espíritu nuevo;
les quitaré ese corazón de piedra que ahora tienen,
y les pondré un corazón de carne. Infundiré mi
Espíritu en ustedes, y haré que sigan mis preceptos
y obedezcan mis leyes".

Poco después, Maya dijo sonriendo de oreja
a oreja: "Tía, he encontrado otra Escritura
para mí en Isaías 54:4: 'No temas, porque no
serás avergonzada. No te turbes, porque no
serás humillada. Olvidarás la vergüenza de tu
juventud'".

Gracias al toque de sanidad de Jesús, Maya
había progresado mucho y ya no era la joven
tímida, con el rostro sin expresión que Rebecca
había conocido semanas antes. Ahora Maya creía
que Jesús le había dado un futuro.

DIOS DE CONVERGENCIA

Sabemos que Dios fue quien estableció Proyecto
Rescate. Nosotros simplemente tenemos el
privilegio de servirle a Él para cumplir con un
trabajo que Él ama. Él ama a las mujeres que son
explotadas y a sus hijos. Él añora liberarlas. Por
esa razón, Él ha reunido a un grupo de obreros
y amigos para que cumplan con el trabajo. Así
como Dios nos llamó a nosotros y a K.K. Devaraj
a Proyecto Rescate, Él ha hablado a Rebecca,

a Doug y Ramona Jacobs, a Ambika Pandey,
a Mathew y Suhasini Daniel, a Andy y Nancy
Ratz y a otros. Él ha transformado la vida de
jóvenes que estaban esclavizadas en prostitución
y las ha moldeado para que sean obreras eficaces
en el ministerio. Él ha llamado a jóvenes de
los institutos bíblicos y universidades para que
dediquen su vida a ayudar a que Proyecto Rescate
ministre a las víctimas de la industria de esclavitud
sexual. Dios nos ha dado el favor de líderes
espirituales como Thomas E. Trask, John Bueno,
Jerry Parsley y Omar Beiler. Él ha dado a Proyecto
Rescate socios que contribuyen dinero como First
Assembly en North Little Rock, Arkansas; James
River Assembly en Ozark, Missouri; grupos de
Ministerios Femeniles; Kay Burnett; Nancy Koetitz
y otros. Servimos a un Dios de convergencia. Él
junta a las personas y los recursos debidos para
lograr sus trabajos en el momento propicio.

EL INGENIERO

Al principio algunos se habrán preguntado cómo
es que un ingeniero sin preparación ministerial
pudo haber llegado a ser la vanguardia de la lucha
contra la prostitución de niñas en Bombay. Pero
todos hemos visto la mano de Dios en la vida de
K.K. Devaraj. De niño, Devaraj frecuentaba los
templos y oraba a los dioses. Él tomó un puesto

en Irán, trabajando en los campos de petróleo. Ahí recibió una invitación a una iglesia de hogar, donde los cristianos le extendieron amistad. Él quedó impresionado por su amor y su compasión, y con el tiempo entregó su vida a Cristo. Se fue a Líbano, donde conoció a Jim y Eloise Neely, que trabajaban con el Centro de Reto Juvenil. Dios comenzó a poner en el corazón de Devaraj una carga por los jóvenes que eran esclavos de las drogas y del alcohol.

Devaraj no tenía ninguna intención de volver a India, pero Dios lo dirigió a matricularse en el Instituto bíblico de Asia del sur en Bangalore. Cuando asistía al instituto, tomó parte en una conferencia en Bombay y anduvo solo por la ciudad. Él sintió que Dios le decía que comenzara un ministerio de Reto Juvenil en Bombay. Poco tiempo después, con un título en Biblia y sin ningún dinero, Devaraj tomó un tren en Bangalore con destino a Bombay. Él lanzó la obra de Reto Juvenil compartiendo a Cristo en las calles con los jóvenes que tenían adicciones. También les testificaba a los taxistas y a los dueños de tiendas. Sin importar el lugar en que la gente estuviera en la vida, él quería hablarles de Jesús.

Cuando Devaraj vio las condiciones de los burdeles y cómo eran tratadas las mujeres y los niños, él quiso hacer todo lo posible para ayudarles. Ese fue el comienzo de Proyecto Rescate y de su asociación con RJB.

El Congreso de Estados Unidos, en un afán por reducir la explotación sexual de niñas y mujeres, invitó a Devaraj para que testificara en una audiencia en julio de 2004. A continuación está su testimonio:

Los niños son el grupo más vulnerable en Mumbai (Bombay) y el que más necesita atención social. Debido a su vulnerabilidad y dependencia ellos son explotados, maltratados y dirigidos a canales indeseables por los elementos antisociales de la ciudad. Es fácil para cualquiera que visita Mumbai ver la flagrante violación de los derechos de los niños. En Mumbai, a los niños se les niega el derecho de nacer o existir, se les priva de familia y de oportunidad, y son explotados y abusados de maneras atroces.

India firmó la Convención de las Naciones Unidas de los Derechos del Niño en 1990. Esto supone una obligación de parte del gobierno de India y de sus Estados de proteger a todos los niños contra el abandono, la explotación sexual y el abuso, y de asegurar su derecho a tener una familia y recibir educación. Entre las propias leyes de India, el Acta de los Niños de 1960 dice que los niños son el grupo más vulnerable de cualquier población y que necesitan la mayor atención social, y que el Estado tiene el deber de protegerlos.

En 1986, El Parlamento de India promulgó
el Acta de Justicia Juvenil para proveer
atención, protección, tratamiento, desarrollo
y rehabilitación a los juveniles abandonados o
delincuentes. Esta Acta fue consolidada en el
año 2000.

A pesar de las leyes mencionadas, la realidad
es un marcado contraste.

Hay hogares de observación (correccionales,
prisiones preventivas) dirigidos por el gobierno
estatal para los niños que tienen conflicto con
la ley.

No obstante, los niños que mandan a
estos hogares no tienen conflicto con la ley
necesariamente. Por ejemplo, a los niños que
son rescatados del trabajo forzado o de los
burdeles, y los hijos de los criminales y de las
mujeres prostituidas también los mandan a
estos hogares. Aunque supuestamente deben
permanecer en los hogares de observación
solamente 15 días, con frecuencia languidecen
ahí por mucho más tiempo, a veces por años.

Actualmente, los números oficiales son de
2.500-3.000 niños en hogares de observación
en la ciudad de Mumbai. No obstante, en
nuestra experiencia, hemos encontrado que
estos hogares por lo regular están hacinados y
el número podría ser más alto.

De los hogares de observación, a los niños
los mandan a varios hogares para delincuentes

juveniles, que también son dirigidos por el gobierno estatal. En algunos casos, a los niños los mandan a las ONG (organizaciones no gubernamentales).

El hogar ideal debe tener, como mínimo, una rutina diaria bien regulada que permita una vida disciplinada, ejercicio físico, educación, preparación vocacional, recreo, educación moral y actividades en grupo/comunidad.

El local debe tener por lo menos 40 pies cuadrados por niño en los dormitorios. Las aulas y los talleres deben ser espaciosos. Se debe tener patios para recreo según el número de niños que haya en el hogar. El número de inodoros y baños debe ser según el número de niños y deben tener suficiente suministro de agua. La dieta debe ser bien balanceada y nutritiva. A todos los niños se les debe ofrecer oportunidades para recibir educación básica y avanzada. Sin embargo, la verdad es que los niños viven en estos hogares bajo condiciones inhumanas mucho más abajo del ideal bosquejado arriba.

Los dormitorios están hacinados, y con frecuencia los niños duermen en el suelo con solamente una sábana sucia y, por lo regular, sin almohada. No tienen ropa adecuada. Muchos de ellos ni siquiera tienen ropa interior. La comida que se les da no es suficiente y con frecuencia los niños más pequeños son acosados por los mayores para que les den su porción y así siempre tienen hambre. Todos los niños se quedan con hambre hasta ya tarde por la noche si es que hay poco suministro de gas para cocinar. Los hogares no ofrecen instalaciones médicas adecuadas.

La insuficiencia de inodoros y la escasez de agua significan que no se pueden bañar regularmente, lo que resulta en hábitos personales antihigiénicos y en las asociadas enfermedades de la piel y otros padecimientos.

Las instalaciones no ofrecen ni consejería ni apoyo emocional.

No proveen educación moral. Estos hogares son cloacas de crimen donde los niños más pequeños aprenden un comportamiento antisocial de los mayores. Producen todo tipo de crimen, desde contrabando y robo insignificante, hasta crímenes más serios como violaciones y asesinatos.

Los niños casi no tienen ningún entretenimiento ni momentos de diversión. Tienen que recurrir a sus propios medios para divertirse, muchas veces con desastrosas consecuencias.

Si tienen suerte, los mandan a otra ONG donde reciben mucho mejor cuido. Sin embargo, si los mandan a otros hogares dirigidos por el gobierno, su miseria continúa.

Lo triste es que muchos de los niños a quienes mandan a estos hogares nunca han cometido ningún crimen antes de llegar, pero salen del hogar criminales endurecidos. Debido a la pobreza rural, los miembros de la familia—especialmente los jóvenes—emigran a la ciudad de Mumbai en busca de trabajos y mejores condiciones de vida y terminan en los barrios bajos hacinados. La pobreza rural y el crecimiento urbano han lanzado a miles de niños desvalidos a la calles, lo que hace que los míseros recursos que están disponibles en la ciudad no sean suficientes, y lo que expone a los niños a la enfermedad, al abuso y a la explotación.

La mayoría de los niños de las calles de Mumbai se ven forzados a mendigar. Por lo regular son pequeños que se han escapado de casa por variadas razones—especialmente la pobreza. Aparte de éstos están los huérfanos abandonados y destituidos y los hijos de las mujeres prostituidas que no tienen ningún lugar donde vivir. Además, algunos padres de familia alquilan a sus hijos para mendigar en las calles.

Se pueden ver en casi todas las esquinas donde hay semáforos y mucho tráfico, afuera de los hoteles de mala muerte, en las estaciones de trenes, etc. Para la mayoría de los habitantes de Mumbai, estos niños no son

nada más que un fastidio, sin ningún derecho
a recibir dignidad, amor ni atención. En un
país donde la vida humana es prescindible,
ellos mueren como han vivido: indeseados y
desconocidos por el mundo civilizado.
Sin embargo, nosotros vemos la verdadera
crisis que aflige a estos niños—se les obliga
a pararse en las calles bajo la lluvia en el
tiempo frío o bajo el candente sol del día
con poquísima ropa y sin protección. Con
frecuencia hemos visto a los más pequeños ser
arrollados por los automóviles que sobrepasan
el límite de velocidad. Es muy frecuente ver
que algunos de los niños son deliberadamente
mutilados (les cortan un brazo o una pierna
o les sacan un ojo) para hacer que parezcan
más dignos de lástima a los que pasan,
insinuándoles que les den limosna. Es en
este punto que los niños son usados por las
pandillas organizadas, o por los insignificantes
elementos antisociales, y que son iniciados
a una vida de crimen. Si los pillan, son
prescindibles y otros niños toman su lugar.
Son demasiado pequeños como para revelar
el nombre o el lugar donde está la persona
que los enlistó, y por eso los consideran ser
"empleados" muy convenientes ¡lo único que
los niños quieren es una buena comida o un
juguete barato! El ciclo vicioso es algo así:
    Pobreza ... calles ... crimen menor ... hogar

correccional ... influencias antisociales ...
criminales endurecidos.

Aunque queremos hacer todo lo que esté en
nuestro poder para ayudar a los niños que ya
están encarcelados, preferimos seguir el camino
de la prevención. Nuestro objetivo principal
es rescatar a los niños de la calle *antes* que
sean explotados y abusados y se conviertan en
criminales endurecidos. Se necesita establecer
refugios para estos niños como primera
prioridad.

EL TERREMOTO

Doug y Ramona Jacobs han estado al frente
de la lucha contra la explotación de los niños en
Nepal. Su obra en Nepal occidental, de donde las
niñas son contrabandeadas a India, ha sido eficaz
para lograr cerrar las fronteras a los traficantes.
También han abogado insistentemente por la
prevención del SIDA.

Después de su graduación de Auburn University,
Doug se matriculó en Southeastern University. Allí
es donde conocimos por primera vez a Doug y
Ramona. Impresionados por sus habilidades y por
su pasión por los perdidos, sembramos semillas en
su corazón para que algún día trabajaran en Asia
del sur. En 1993, ellos servían en un ministerio en
el centro de la ciudad en Mobile, Alabama, cuando

hubo un catastrófico terremoto en el norte de
India. Al ver las noticias del desastre, su carga por
Asia del sur aumentó. Invitamos a Doug a unirse
con nosotros para una visita de tres semanas a
Nepal. Seis meses después, los Jacobs se fueron
a vivir a Nepal. Ellos no llegaron a Nepal para
comenzar Proyecto Rescate, pero no pudieron
ignorar la necesidad. "Cuando uno siente que
el corazón de Dios se duele por esta situación",
dijo Doug, "y uno pasa a tener comunión con sus
sufrimientos, uno sabe que tiene que hacer algo."

LA HERMANA AMBIKA

Ambika Pandey se crió en una familia de casta
alta. Después de recibir a Jesús como su Salvador,
ella se matriculó en el Instituto bíblico. Se casó
con un joven que servía como pastor de una
congregación en Kolkata, India. Después de recibir
su maestría en teología, Ambika tomó un puesto
como profesora en el Instituto bíblico.

Una carga por las mujeres en prostitución y por
sus hijos en Kolkata comenzó a llenarle el corazón.
Por muchos años ella había soñado tenderles una
mano, pero debido a la prominente posición social
de su familia ella se lo guardó para sí. Cuando
algunas hermanas de la orden de Madre Teresa
llegaron a la misión de las Asambleas de Dios y
pidieron que alguien asumiera el cargo de dar

clases bíblicas a los niños en la zona roja, Ambika pronto se ofreció. Cada semana, durante tres años, ella tenía un estudio bíblico en la zona roja. Ese fue el comienzo de Proyecto Rescate en Kolkata. Se lanzó un programa de cuido nocturno para los niños de los burdeles, con clases individuales, comida, ropa y más. Después, se añadió preparación vocacional, que incluía oración y devociones diarias para las mujeres.

No es raro ver a Ambika caminar entre el laberinto que se conoce como la zona roja, orando en voz alta que las jóvenes encuentren a Cristo y su libertad. A pesar de ver a criminales conocidos agrupados alrededor de los puestos de los burdeles, ella marcha entre los angostos pasillos como si nada pudiera hacerle daño. Ella sabe que está en una misión de parte de Dios.

MÁS HOGARES

Después de terminar sus estudios universitarios, Mathew Daniel tomó un puesto entre el personal con K.K. Devaraj en Reto Juvenil de Bombay. Dotado en administración y bajo el tutelaje de Devaraj, él aprendió a establecer un ministerio de compasión, a desarrollar al personal y a trabajar con las leyes del gobierno que regulan el trabajo social. Él sintió la carga de expandir el alcance de Proyecto Rescate estableciendo más Hogares de Esperanza. Subsecuentemente, él y su esposa Suhasini, quien obtuvo su título en servicios sociales, trabajaron de cerca con Doug y Ramona Jacobs para abrir nuevos locales de Proyecto Rescate para mujeres en prostitución y sus hijos en Nagpur, Pune y Chennai, India. Actualmente dirigen el Hogar de Esperanza de Proyecto Rescate en Pune, que es un programa experimental para recibir a las jóvenes rescatadas por las redadas del gobierno en los burdeles.

ORAR POR LOS OBREROS

Los efectos en los obreros que tratan con las mujeres y los niños que han padecido inimaginables actos de perversión sexual y violencia, son imposibles de calcular. A los que ofrecen cuido a través de la iglesia local y Proyecto Rescate, se les hace doloroso oír las historias de las víctimas y difícil de comprender cómo lograron sobrevivir. Las heridas emocionales y físicas de la explotación sexual son profundas, especialmente entre los niños. A pesar de su preparación teológica y social, algunos de los obreros encuentran difícil tratar con las tinieblas y la brutalidad día tras día. Necesitan las oraciones de sus hermanos en Cristo que los sostengan. En 30 años de ministerio, hemos visto que el ministerio a las víctimas del tráfico y de la esclavitud sexual es el más desafiante y el más intenso espiritualmente que hemos emprendido. Participar en la batalla contra las formas más horrorosas de depravación humana lo pone a uno cara a cara con el peor lado del hombre que no tiene a Dios y con el poder destructor del mismo Satanás. Pero participar en la batalla contra la esclavitud sexual con la compasión de Cristo y el poder de su Espíritu también lo pone a uno cara a cara con el poder de la gracia de Dios en su forma más verdadera—un poder que es capaz de cambiar la vida. Hemos visto cómo el amor de Jesús resplandece en los lugares más oscuros.

LA IGLESIA LOCAL

Es imposible describir el alcance y la expansión de Proyecto Rescate sin hablar del lugar vital que tiene la iglesia local. Las iglesias locales en Asia del sur trabajan lado a lado con Proyecto Rescate. En Bombay, por ejemplo, el culto de los sábados es un punto de entrada para las mujeres prostituidas y sus hijos. Los miembros de la iglesia local nutren a estas mujeres en su nueva fe y las animan a que vayan a un Hogar de Esperanza. Entre más pronto las víctimas y sus hijas encuentren a Cristo a través del ministerio de la iglesia de la zona roja y de RJB-Proyecto Rescate, mayor es la posibilidad de que no contraigan SIDA. Las iglesias en los lugares

de alto riesgo también han ayudado a las mujeres
en prostitución a proteger a sus hijas contra ser
atrapadas en el comercio sexual ayudándoles
a entrar al programa de Proyecto Rescate para
cuidar a los niños.

A medida que Proyecto Rescate se expande a
otras naciones, continuará trabajando junto con
la iglesia local. Estamos en el negocio de subsanar
necesidades físicas y espirituales, pero dentro del
contexto de edificar la iglesia local. El ministerio
de compasión no es un fin en sí, no es un sustituto
para la proclamación ni para instruir discípulos.
Ambos son parte de la misión bíblica según el
ejemplo de Jesús. Es por eso que la iglesia local es
una parte integral de Proyecto Rescate.

Se han abierto puertas en Moldavia y en Rusia,
de donde las mujeres son traficadas a todo el
mundo con falsas promesas de una vida mejor.
Con el tiempo, como Reto Juvenil y su método
global con la drogadicción, Proyecto Rescate
necesitará responder a la industria global de la
esclavitud sexual formando una red global de
ministerios cooperativos. Es nuestra oración que
Dios llame a más obreros e iglesias para servir al
frente de este ministerio de rescate.

"*En cierto momento, yo sentí que Dios no está buscando limosna. Dios está buscando acción.*"[1]

—Bono

C A P Í T U L O   O N C E

MÁS ALLÁ DE LA COMPASIÓN

Todos los días cuando iba camino a la iglesia en Kolkata, India, David pasaba por unos grandes tubos de alcantarillado que estaban habitados por familias refugiadas. Una niña de 5 años llamó la atención de David. Tenía la carita sucia y su deshilachada camiseta se le deslizaba de los hombros. David le sonrió. Ella le dio un saludo con la mano y se apartó de los ojos el pelo enredado. David se fijó que estaba sola con su hermano de 18 meses de edad. *Sus padres deben haber salido a buscar comida*, pensó David, en camino a su cita.

El día siguiente, cuando David pasó por los tubos, la niñita corrió y le agarró la pierna del pantalón.

"¡Hola!" le dijo él riéndose entre dientes.

Ella no respondió. Simplemente se sobó el estómago y señaló a su hermanito indicando que tenían hambre.

"¿Tienen hambre?" preguntó David, llevándose los dedos a la boca haciendo como que comía. Al instante ella asintió con la cabeza, sus lánguidos ojos suplicando ayuda.

David había visto un sinnúmero de rostros de pobreza. Afortunadamente, él no se había endurecido ante el dolor y el sufrimiento. Él sabía que Jesús lo estaba impulsando para que extendiera su compasión dándoles de comer a estos preciosos niños.

"Espera aquí mismo", le dijo. "No te muevas. Te voy a traer comida."

Salió corriendo a toda velocidad para la iglesia. Puso tanto arroz y carne guisada en un plato que parecía un pequeño volcán. Corrió de regreso a los tubos y le dio el plato a la niña. Los ojos se le agrandaron y sonrió. "Gracias", dijo en bengalí.

"De nada", contestó David.

Él la miró mientras ella llevaba el plato a la seguridad de su tubo-casa, luego tomó de la mano a su hermano y lo llevó al plato. Lleno de asombro David la vio darle de comer al niñito hasta que éste se sintió lleno. Sólo entonces ella comió algo. El estómago de su hermano era más importante que el suyo.

Las lágrimas saltaron a los ojos de David.

"Dios", se dijo a sí mismo en un susurro: "esta niñita sabe más de lo que significa dar que casi cualquier otra persona que yo conozco—incluso yo mismo".

LA APATÍA NO ES UNA OPCIÓN

Millones de mujeres y niñas son víctimas de la industria de la esclavitud sexual. Son abusadas todos los días, y tienen muy poca esperanza de escaparse. El problema es monumental, la necesidad es abrumadora. En respuesta a la crisis, algunas han decidido darse por vencidos y retirarse. Otras han decidido ignorar del todo el problema.

Para los seguidores de Jesús, la apatía no es una opción. Los cristianos deben responder a esta tragedia humana. Pero ¿qué puede hacer la gente para ayudar a las víctimas al otro lado del mundo?

Primero, debemos ver que el comercio sexual no es un mal confinado a las naciones en desarrollo. Es una tragedia global. Sus tentáculos están prácticamente en todas las naciones y comunidades. Está directamente ligado con la pornografía y con el crimen organizado. Y Estados Unidos es uno de los productores y abastecedores de pornografía más grandes del mundo, lo que alimenta este apetito global de desviación sexual. La economía—la oferta y la demanda—alimenta la industria de la esclavitud sexual. Por tanto, cuando apoyamos las normas de decencia en nuestra propia comunidad o a los niveles estatales o federales, estamos ayudando a que las jóvenes se escapen de las trampas de estos predadores.

Debemos dejar que se oiga nuestra voz en nuestros ayuntamientos y consejos escolares. Es necesario que hablemos en los vestíbulos de los capitolios de nuestros estados y en Washington, D.C. Debemos ser portavoces en nuestros tribunales a favor de los débiles y de los abusados.

Segundo, debemos dedicarnos a la oración conjunta. La luz y la esperanza del evangelio no traspasarán las tinieblas ni pondrán en libertad a los millones de mujeres y niñas sin la oración y la determinación de millones de creyentes. Estas palabras se deben poner en la biblia de cada seguidor de Jesús: "Amado Señor, por favor salva a los millones de mujeres y niñas que están siendo explotadas en la esclavitud sexual; y usa mi vida y mis recursos para salvar por lo menos a una". El rescate de vidas inocentes debe ser una prioridad. Una manera en la que demostramos nuestro amor por Jesús y nuestro interés por estas niñas es orar todos los días por su salvación y su liberación.

Tercero, debemos estar dispuestos a invertir algunos de los recursos que Dios nos ha confiado. El enemigo está invirtiendo billones de dólares para esclavizar en la prostitución a niñas y a mujeres. Pero Dios puede tomar nuestra contribución de $20, por ejemplo, y usarla para arrancar una vida de las garras del maligno.

Alguien dijo que ayudar a los pobres y a los débiles "no tiene que ver con nosotros; tiene que ver con ellos". Quizás se debería decir de una

manera diferente: "Tiene que ver con nosotros
... con ellos ... y con Él". La manera en que
respondemos a las necesidades de los débiles y
explotados dice mucho de nuestro amor por Cristo
y Su creación. Santiago 2:14-17 dice: "Hermanos
míos, ¿de qué le sirve a uno alegar que tiene fe,
si no tiene obras? ¿Acaso podrá salvarlo esa fe?
Supongamos que un hermano o una hermana
no tienen con qué vestirse y carecen de alimento
diario, y uno de ustedes les dice: 'Que les vaya
bien; abríguense y coman hasta saciarse', pero no
les da lo necesario para el cuerpo. ¿De qué servirá
eso? Así también la fe por sí sola, si no tiene obras,
está muerta".

Una contribución a los ministerios como
Proyecto Rescate dará esperanza y salvará vidas.
A su vez, Dios promete bendecir a los que abogan
por la causa de los débiles. Salmo 41:1-3 dice:
"Dichoso el que piensa en el débil; el Señor lo
librará en el día de la desgracia. El Señor lo
protegerá y lo mantendrá con vida; lo hará dichoso
en la tierra y no lo entregará al capricho de sus
adversarios. El Señor lo confortará cuando esté
enfermo; lo alentará en el lecho del dolor".

Muchas iglesias, organizaciones e individuos
han respondido al llamado para ayudar a rescatar
a las mujeres esclavizadas y a sus hijos. Sin su
generosidad, estas mujeres y niños no tendrían
ninguna esperanza. Cuando la propiedad para
Ashagram estaba disponible, la congregación de

First Assembly en North Little Rock, Arkansas, dio $100.000 para comprar el terreno. Cuando los Ministerios Femeniles del sur de California supieron de Proyecto Rescate, establecieron un "fondo de libertad". Recogieron más de $400.000 para cuidar de las mujeres y niños que salían de los burdeles. La International Christian Assemblies of God Church de Hong Kong dio $100.000 para construir Hogares de Esperanza. Y muchos más individuos e iglesias han dado apoyo económico mensual y han dado ofrendas para que Proyecto Rescate pueda salvar más vidas.

Cuarto, podemos trabajar para Cristo para rescatar víctimas cuando enlistamos a nuestros amigos y familiares para que se unan a los ministerios como Proyecto Rescate—para que pasen de ser espectadores a ser jugadores en el campo. ¿Qué se podría lograr si los creyentes pidieran la ayuda y la participación de su red de familia y amigos? Algunos han escogido formar grupos célula basados en el hogar, en el trabajo y en la iglesia para la causa de rescatar a víctimas y de adoptar una postura a favor de la decencia y de los derechos humanos. Esto ha probado ser una manera eficaz de compartir el amor de Cristo con los vecinos que tienen interés por luchar contra la explotación de seres humanos.

Los seguidores de Jesús también tienen el deber de obtener apoyo dentro de su iglesia local. Es fácil que las víctimas del comercio de la esclavitud

sexual se pierdan entre las miles de necesidades
y oportunidades para las misiones que se le
presentan a la iglesia local. Cada congregación
necesita que por lo menos una persona se encargue
de la causa y hable a favor de estas víctimas.
Cada iglesia, cada persona puede hacer algo para
rescatar otra vida del calabozo de la prostitución.
Quinto, algunos son llamados a servir en las
líneas como obreros de rescate. Ya sea que las
misiones sea una vocación para toda la vida o una
asignación de corto plazo, ellos no pueden menos
que ir y servir. Quieren dedicar los talentos que
Dios les ha dado para mejorar la vida de otros.
(Vea el Apéndice II, "Una declaración de FAAST",
lo que los individuos pueden hacer para dar fin a
la esclavitud y al tráfico.)

Hay más gente que puede *dar* en vez de *ir* a los
lugares como Bombay o Katmandú. Pero cuando
la gente da, hace posible que los obreros de
Proyecto Rescate den comida, ropa y vivienda a las
jóvenes que se han escapado de los burdeles. Hace
posible que Proyecto Rescate proteja y eduque a
los hijos de las mujeres prostituidas. Hace posible
que los obreros de Proyecto Rescate sostengan en
sus brazos y conforten a los bebés que nacen con
VIH. Está movilizando a los obreros de la iglesia
para que vayan a los burdeles y proclamen a las
mujeres y a las niñas que Jesús las ama.

El salmista nos recuerda que la causa de
Proyecto Rescate es un reflejo del corazón de

Dios. Él ama a las hijas y odia la maldad que les ha devorado su esperanza y que les ha robado su dignidad y su valor propio. Salmo 72:12-14 dice: "Él librará al indigente que pide auxilio, y al pobre que no tiene quien lo ayude. Se compadecerá del desvalido y del necesitado, y a los menesterosos les salvará la vida. Los librará de la opresión y la violencia, porque considera valiosa su vida".

Algún día, cuando entremos al cielo, que Dios nos sonría y haga un gesto de aprobación con la cabeza porque hicimos nuestra parte para llevar el amor de Cristo *Más allá de la cortina manchada.*

EPÍLOGO

Beth estaba cansada después del largo viaje a Madrás, India, pero tendría que esperar para dormir. Ella sentía la urgencia de dirigirse a las jóvenes que viven en el hogar de Proyecto Rescate. Las chicas habían preparado un programa especial de música y danza en su honor. Y, a su vez, ella les daría una palabra de ánimo.

Cuando ella entró al salón, las jóvenes irrumpieron en aplauso. Llevaron a Beth a su asiento, y aunque los ojos se le cerraban de sueño, ella en silencio le pidió a Dios que diera un mensaje oportuno e inspirador a través de ella.

La presentación musical de las jóvenes hizo brotar lágrimas de gozo en los ojos de Beth; ella se sintió conmovida por sus expresiones de amor y de gratitud.

Cuando le tocó a Beth compartir, ella citó Jeremías 29:11: "'Porque yo sé muy bien los planes que tengo para ustedes—afirma el Señor—, planes de bienestar y no de calamidad, a fin de darles un futuro y una esperanza.'" "Dios las ha traído a este lugar porque Él las ama a ustedes", dijo ella. "Ahora ustedes le pertenecen a Él. Él es su padre. Él las ha creado a ustedes. Él conoce su futuro y su pasado. Y, el futuro que Él tiene para ustedes es maravilloso. Aunque les vengan dificultades, ustedes pueden confiar en Él. Él las cuidará. Hagan suya la promesa de 1 Pedro 5:7: 'Depositen en Él toda su ansiedad, porque él cuida de ustedes.'"

Esa noche Beth oró por las jóvenes con quienes había compartido la Palabra de Dios. Ella sabía que dentro de 48 horas las jóvenes y las empleadas se enfrentarían con una gran dificultad. Justo al llegar, ella recibió la noticia de que eran obligadas a salir del local alquilado de Proyecto Rescate en Madrás. El arrendador había recibido una oferta de más dinero y esencialmente estaba desalojando a las jóvenes.

Las chicas y las empleadas estaban profundamente afectadas. Iban a perder el único lugar seguro que habían conocido en toda su vida.

Las empleadas de Proyecto Rescate las habían animado a que oraran: "Dios conoce su futuro. Cuando lleguen las dificultades, oren a Él. Él nos ayudará. ¡Jesús está con nosotras!"

Una situación similar surgió en el hogar de Proyecto Rescate en Pune, India. El arrendador simplemente dijo: "Queremos que otros usen esta propiedad". Su decisión fue sin duda influenciada por el estigma asociado con la prostitución y con sus víctimas en India. Los arrendadores creen que es "mala karma" que "mujeres así" vivan en sus propiedades.

Afortunadamente, tanto en Madrás como en Pune, Dios contestó las oraciones de las mujeres, de los niños y de las empleadas: se encontró otro local justo a tiempo.

No obstante, los desalojos en Madrás y Pune dieron más evidencia de que Dios desea permanencia para quienes Proyecto Rescate está tratando de ayudar. Ser dueño de los locales quizás no sea esencial en otras partes del mundo, pero es importante en los lugares como Asia del sur. Les da a las mujeres seguridad y le da estabilidad al ministerio. Cuando Proyecto Rescate es el dueño de la propiedad, no hay ningún arrendador que ponga miedo en el corazón de estas preciosas mujeres y sus hijos.

Pero Proyecto Rescate no se trata de propiedades. Las propiedades son simplemente un medio para reconstruir y restaurar vidas. Es nuestra oración que individuos, iglesias, organizaciones y hasta negocios se unan a Proyecto Rescate para declarar al mundo: "Las mujeres y las niñas explotadas sí importan. Nosotros les daremos un hogar. Nosotros lucharemos por su libertad. Nosotros les diremos que su Creador las ama y que Él ha preparado un lugar para ellas en el cielo donde andarán por las calles de oro con la cabeza en alto ... porque ellas son hijas del Rey."

APÉNDICE I

PROYECTO RESCATE EN UN VISTAZO— 1997 A 2012

- 11 sitios afiliados con el ministerio en 9 ciudades de India, Bangladesh, Nepal, Moldavia y Tajikistan

- 11 Hogares de Esperanza (hogares de cuido posterior, para restauración—4 para mujeres/ niñas rescatadas de la prostitución, 4 para sus hijas para prevención)

- 2 centros de cuido nocturno para los hijos de las mujeres en prostitución

- 7 centros de preparación vocacional

- 9 ministerios en las zonas rojas

- 1 iglesia en la zona roja

- 3 clínicas VIH/SIDA

- 4 ministerios médicos

- 5 programas de concientización y prevención

- Se ha ministrado a aproximadamente 19.000 mujeres y niñas explotadas

Proyecto líder todavía en desarrollo de *Hands That Heal: International Curriculum to Train Caregivers of Trafficking Survivors [Manos que sanan: Programa de estudio internacional para preparar a los que cuidan a las sobrevivientes del tráfico sexual]*, lanzado en septiembre de 2007 por FAAST (Faith Alliance Against Slavery & Trafficking [Alianza de Fe Contra la Esclavitud y el Tráfico de Personas]).

DECLARACIÓN DE MISIÓN

Existimos para rescatar y restaurar con el amor y el poder de Jesucristo a las víctimas del tráfico sexual.

Creemos que toda niña ha sido creada por Dios con un propósito y con las capacidades innatas para lograr ese propósito. Existimos para ayudarle a descubrir ese propósito y para empoderarla para que lo realice.

Reconocemos el lugar principal que ocupa la comunidad de fe local, nacional y global en el proceso de restauración y estamos dedicados a empoderarla para que lo realice.

Proveemos concientización global y oportunidades para los socios interesados en ayudar a dar libertad y un futuro transformado a las que son prisioneras de la esclavitud sexual.

DECLARACIÓN DE VALORES

El grupo de Proyecto Rescate mantiene un marco de valores para dirigir los actos diarios de nuestros líderes, personal y representantes. Estos valores representan las normas que se usan para medir nuestro comportamiento individual y colectivo.

Estamos dedicados a demostrar un carácter como el de Cristo.

Proyecto Rescate está dedicado a afectar con el amor de Jesucristo la vida de las que son explotadas. Nos esforzamos por demostrar ese amor de maneras prácticas a las víctimas rescatadas, dándoles comida, un hogar seguro, ropa, educación, consejería, preparación vocacional y atención médica. Proclamamos, y nos esforzamos por demostrar en nuestra vida el amor incondicional de Dios, Su provisión de perdón y Su camino de aceptación que está abierto a todos los que están derrotados por el pecado.

Estamos dedicados a tratar a todas las personas con respeto y dignidad.

Proyecto Rescate valora a cada individuo como una persona de eterno valor que tiene puntos fuertes, debilidades, inteligencia, emociones y sueños. Le ayudamos a hacer frente a los dolorosos traumas de su pasado para que encuentre sanidad en una comunidad amorosa y de apoyo compuesta de un personal que está dedicado a su total restauración. El proceso de restauración empodera a las sobrevivientes para que hagan frente a su futuro con salud y esperanza en Jesucristo.

Estamos dedicados a nuestros socios y empleados.
Proyecto Rescate se esfuerza por trabajar en
colaboración para lograr nuestros objetivos.
Estamos comprometidos a fomentar ambiente
de ministerio que se caracterice por el
continuo aprender, por la fe apasionada
y por una orientación de cooperación.
Tratamos de cumplir con nuestra misión
con profesionalismo e integridad. Todos los
recursos que se nos confían son valorados
como un regalo de Dios para ser usados con
eficacia y con responsabilidad para ofrecer
una vida nueva a las mujeres y a las niñas
explotadas.

APÉNDICE II

UNA DECLARACIÓN DE FAAST

Proyecto Rescate es miembro de la Faith Alliance Against Slavery and Trafficking (FAAST)[Alianza de Fe Contra la Esclavitud y el Tráfico de Personas], con sede en Alexandria, Virginia. A continuación hay una declaración de ese consorcio:

La misión de FAAST es eliminar el tráfico sexual de humanos mediante la prevención, la prosecución, la protección de las víctimas y la restauración sostenible. Nuestro público objetivo incluye a todas las víctimas del tráfico de humanos: niños y adultos, hombres y mujeres.

FAAST se dedica a los siguientes tipos de intervenciones:

1. Prevención: educación para las comunidades, los grupos basados en la fe y las poblaciones vulnerables; propugnación e iniciativas para exigir reducción.

2. Prosecución: defensa legal, educación legal y preparación para la imposición del cumplimiento de la ley y la judicatura.

3. Identificación y protección de las víctimas: preparación para el personal y los afiliados en todo el mundo, identificación y protección, comunicación segura y redes para los que están en riesgo, y servicios holísticos y evaluaciones mentales y físicas.

4. Restauración sostenible: preparación educacional y vocacional, reintegración holística y desarrollo de micro empresas.

FAAST une los recursos y esfuerzos de los miembros individuales para fortalecer sus esfuerzos contra el azote del tráfico de humanos en sus varias manifestaciones, incluso la esclavitud laboral, esclavitud doméstica, esclavitud sexual, mendigar, combate forzado y extracción ilegal de partes del cuerpo. El método de FAAST está enraizado en la capacidad que tienen las organizaciones basadas en la fe para llegar a las regiones aquejadas de problemas donde las organizaciones del gobierno, y las que no son del gobierno, no pueden sostener su presencia. A pesar de guerras, hambrunas y derrumbes socioeconómicos y políticos, la estructura de la iglesia, a través de la cual trabaja la Alianza, con frecuencia permanece intacta.

El tráfico de personas (TP) es una tragedia
global de los derechos humanos y una actividad
criminal. La combinación de pobreza, desempleo,
desigualdad entre los sexos (especialmente el
estado inferior de las niñas), legislación inadecuada
y deficiente imposición del cumplimiento de
la ley, permite que el TP prospere. The Faith
Alliance Against Slavery and Trafficking (FAAST)
[La Alianza de Fe en contra de la Esclavitud
y el Trafico] ha estado trabajando con los
ministerios de gobierno, así como con líderes
de la comunidad para ayudarles a entender la
definición y el significado de TP. Aunque se han
logrado ganancias significantes para elevar la
concientización y reducir el tráfico, todavía falta
mucho por hacer.

El cuido directo de las víctimas del tráfico es
complejo y las organizaciones están respondiendo
a los aspectos de esta necesidad con casas
seguras, consejería, preparación limitada para los
cuidadores y otras intervenciones. No obstante,
un plan de estudio comprensivo desarrollado por
FAAST, dirige al cuidador en cómo responder
eficaz y apropiadamente a las complejas
necesidades de la persona traficada. Este plan
de estudio coincide con una declaración del
U.S. Department of State, Global Trafficking in

Persons Office [Oficina de Tráfico Global de Seres
Humanos del Departamento de Estado de Estados
Unidos]: "Al dirigirse a la conexión que hay entre
el tráfico de seres humanos y el VIH/SIDA, está
claro que tendremos que intensificar los programas
preventivos, pues sólo cuando prevengamos
el tráfico, y prevengamos la propagación de la
epidemia de VIH/SIDA, tendremos verdadero
éxito."

Según el Departamento de Estado de Estados
Unidos, se calcula que 42 millones de personas
viven con VIH/SIDA en todo el mundo. Aunque
la epidemia global de VIH/SIDA afecta a varias
poblaciones, las mujeres y las niñas que son
traficadas para prostitución y otros propósitos
sexuales son particularmente impactadas.
Debido a la violenta naturaleza del sexo con
las víctimas traficadas, la falta de control de
las circunstancias y del número de "clientes",
la incapacidad de insistir en el uso regular de
condones, y la juventud de muchas de las víctimas
traficadas, las víctimas del tráfico sexual están
severamente en peligro de contraer VIH. Las
implicaciones para la salud pública del tráfico
sexual se extienden más allá de sus víctimas, hasta
los que frecuentan los burdeles y que pueden llegar
a ser portadores y/o contagiar directamente al
público general con enfermedades serias. Algunos
expertos han concluido que el tráfico sexual está

conectado con la propagación y la mutación del virus que causa SIDA, lo que sugiere que el tráfico sexual facilita la propagación global de los subtipos de VIH.

Aunque se ha observado la conexión que hay entre el VIH y el TP, pocas organizaciones están dando pasos prácticos para coordinar los programas relacionados. El público objetivo de FAAST son las poblaciones afectadas por ambos problemas (v.g., mujeres/niñas, refugiados, participantes en actividades sexuales de alto riesgo, personas destituidas) para ofrecer información de ayuda, educación acerca el TP y preparación para los proveedores de servicio que trabajan con personas vulnerables o afectadas por el VIH/SIDA. Debido a que los miembros de FAAST son parte de una red en más de 200 países por todo el mundo, se nos hace posible implementar con éxito proyectos de consulta, educacionales y de concientización por todas nuestras comunidades de fe en África, Asia, las Américas y Europa.

APÉNDICE III

LO QUE LOS INDIVIDUOS PUEDEN HACER PARA DETENER LA ESCLAVITUD Y EL TRÁFICO DE PERSONAS

Sea un abolicionista del siglo 21. Involúcrese en la lucha para detener la esclavitud y el tráfico de personas de la actualidad en su vecindario y por todo el mundo. Este es un punto de partida para tomar acción.

ORE

Comprométase a orar regularmente por los problemas del tráfico de personas en Estados Unidos y por todo el mundo.

Organice a su clase de escuela dominical, estudio bíblico u otro grupo para orar regularmente.

Por favor ore por cada una de las personas que están esclavizadas hoy para que sean liberadas de su cautiverio. También ore por las sobrevivientes del tráfico sexual para que puedan ser totalmente sanadas física, espiritual y emocionalmente. Ore por su continua seguridad y posible reintegración a sus familias y comunidades.

Ore por los que componen el personal de FAAST que trabaja infatigablemente al frente de la lucha contra el tráfico sexual. Protegen y cuidan a las víctimas, educan a las comunidades y a los miembros del gobierno en lo que respecta el tráfico sexual, y trabajan para hacer cumplir las leyes contra los traficantes. Trabajan en situaciones peligrosas todos los días, poniéndose en peligro para proteger a los vulnerables. Por favor ore pidiendo que Dios les dé fortaleza y seguridad espiritual, psicológica y física.

Ore que los líderes nacionales se alcen contra la esclavitud y el tráfico de personas en los países que proveen y en los países que demandan víctimas del tráfico sexual.

Ore por los niños, mujeres y hombres en los proyectos y comunidades asociados con FAAST que son vulnerables al tráfico sexual debido a su pobreza y falta de oportunidades.

Ore por los traficantes y otros facilitadores del tráfico de personas, que sientan convicción, que se arrepientan y que renuncien a su insensible comportamiento.

APRENDA

Aprenda acerca del tráfico de personas y la esclavitud de nuestros días. Visite el sitio web de FAAST en www.faastinternational.org.

Trasvase o pida el último Trafficking in Persons Report from the U.S. State Department of State Office to Monitor and Combat Trafficking [Informe Sobre el Tráfico de Personas del Departamento de Estado de Estados Unidos, Oficina para Controlar y Combatir el Tráfico de Personas]. Vaya a www.state.gov/g/tip/rls/ tiprpt/2009 o llame al número 1(202) 312-9639.

Apúntese para recibir las últimas noticias e información sobre el tráfico sexual de parte de la Iniciative Against Sexual Trafficking (IAST) [Iniciativa Contra el Tráfico Sexual] en www.iast.net; otras formas de tráfico de seres humanos en www.humantrafficking.org.

Averigüe lo que está sucediendo en su estado. Apúntese en el U.S. Policy Alert Service [Servicio de Política de Alerta] por medio del Polaris Project [Proyecto Polaris] en www.polarisproject.org y reciba noticias regulares, mapas y avisos acerca de los desarrollos legislativos que tienen que ver con el tráfico sexual en Estados Unidos.

Vaya en un viaje de estudio con una organización asociada con FAAST.

LEA

Disposable People, Kevin Bales

Understanding Global Slavery, Kevin Bales

Enslaved: True Stories of Modern Day Slavery, edited by Jesse Sage and Liora Kasten

Prostitution, Trafficking and Traumatic Stress, Melissa Farley

Commercial Sexual Exploitation of Children: Youth Involved in Prostitution, Pornography & Sex Trafficking, Laura A. Barnitz

The Natashas: Inside the New Global Sex Trade, Victor Malerek

Human Traffic: Sex, Slaves & Immigration, Craig McGill

Slavery: A World History, Milton Metzler

Sold, Patricia McCormick

Sex Trafficking: The Global Market in Women and Children, Kathryn Farr

Not for Sale, Kevin Batsone

MIRE

Born into Brothels: Calcutta's Red Light Kids (2005)

Fields of Mudan, a 23-minute film about child sex slavery in Asia (2004)

Human Trafficking, the 4-hour Lifetime miniseries on European women trafficked into the U.S.A. for prostitution (2005)

Amazing Grace, the inspiring true story of William Wilberforce who demanded abolition of the African slave trade in the U.K. in the 1800s (2007)

Modern-Day Slavery: Sierra Leone and Liberia,
a 10-minute video by FAAST partners World
Hope and World Relief on trafficking and our
programs in these countries (2006)

Trade, Sex trade into the United States (2007)

Holly, a 1 hour 54 min. movie on child trafficking
in Cambodia (2007)

Very Young Girls, a documentary that follows
several New York city tween and teenagers
who are domestically trafficked and are trying
to cope with the consequences and redirect
their lives (2008)

EDUQUE

Hable del tráfico de seres humanos. Dígaselo a
sus amigos, comparta con su pastor, informe a su
familia.

Tenga una función o presentación sobre la
esclavitud y el tráfico sexual en su iglesia, escuela,
estudio bíblico u otro fórum en la comunidad.
Póngase en contacto con FAAST para obtener
sugerencias sobre posibles presentadores y su
disponibilidad.

Ponga carteles contra el tráfico sexual en su iglesia, negocio u oficina. Los carteles que anuncian el número del teléfono rojo (línea directa) del U.S. Department of Health and Human Servicies (HHS) [Departamento de Salud y Servicios Humanos de Estados Unidos] para las víctimas, son un valioso medio para ministrar a las posibles víctimas y a los que podrían tener contacto con las víctimas. Hay muestras de los carteles en www.acf.hhs.gov/trafficking/index.html o llame al número (888) 373-7888. Los carteles están disponibles en inglés, español, tailandés, vietnamés, indonesio, chino y coreano.

Ponga materiales contra el tráfico sexual (libros, folletos, hojas sueltas, DVD) en las mesas o casetas de información. FAAST o HHS tienen materiales disponibles.

Ponga en los lugares públicos rótulos, carteles y otra información de ayuda con el número del teléfono rojo e información de ayuda en varios idiomas. Los anuncios en las estaciones de trenes, aeropuertos, autobuses, bibliotecas, paradas de descanso y gasolineras, ayudan a las víctimas a encontrar escape hacia un lugar seguro.

Predique un sermón sobre la esclavitud, lo que la Biblia dice de ella, la urgencia de abolir la esclavitud y el tráfico de personas y la necesidad de reafirmar la inherente dignidad que Dios ha dado a los seres humanos. Póngase en contacto con FAAST para obtener una lista de referencias bíblicas sobre la esclavitud.

Presente un libro o una película sobre la esclavitud y el tráfico sexual a su círculo de lectura, su escuela dominical u otra reunión.

Escriba artículos y/o cartas de opinión para sus periódicos locales y para las publicaciones de su iglesia, de su denominación u otras publicaciones.

Dé una plática sobre una forma de esclavitud (sexual, laboral, servidumbre, etc.) en una clase en la escuela para niños de 12 a 14 años, la secundaria o la universidad de su localidad. El impartir conocimientos a los jóvenes y a los jóvenes adultos sobre estos temas no sólo disminuirá la demanda por medio de la educación, sino que también levantará a futuros abolicionistas.

ABOGUE

Pregunte a los legisladores de su estado qué han hecho para detener el tráfico sexual y el tráfico laboral en su estado. Si no saben, ofrézcales información sobre lo que pueden hacer. Para

más información, vea la página web del U.S.
Department of Justice [Departamento de Estado de
Estados Unidos] sobre la esclavitud y el tráfico de
personas en www.usdoj.gov/crt/crim/tpwetf.htm,
y la ley modelo sobre el tráfico de personas en
www.usdoj/crt/crim/model_state_law.pdf.

Averigüe si su estado tiene una Anti-Trafficking
Task Force [Equipo Operativo Contra el Tráfico
de Personas]. Si no, sugiera que formen uno. Si ya
hay uno, vea cómo usted podría ayudar. Hay más
información disponible sobre lo que los estados
están haciendo en www.polarisproject.org.

Provea a sus legisladores información sobre cómo
la demanda aumenta el suministro en su estado.
Para más información, póngase en contacto con
FAAST. Para obtener información sobre cómo la
industria sexual (lugares de striptease, círculos de
prostitución, pornografía) aumenta la demanda
de víctimas en su estado, póngase en contacto con
la Initiative Against Sexual Trafficking (IAST) en
www.iast.net o llame al número (703) 159-5896.

Enseñe a los jóvenes y a los adultos jóvenes la
conexión que hay entre la industria sexual y el
comercio sexual. Detenga la demanda antes que
comience. Pida el plan de estudio de seis sesiones
para los jóvenes que están en los grados 7, 8
y 9 de Adults Saving Kids [Adultos salvando

226 Más allá de la cortina manchada

a los chicos] y organice una reunión para verlas con los grupos de jóvenes de la iglesia, con los exploradores (scouts), etc. Esto crea concientización de los peligros de la explotación sexual comercial. Póngase en contacto con ahartman@adultssavingkids.org o llame al número (612) 872-0684.

PRESTE SERVICIO

Póngase en contacto con FAAST para obtener información acerca de las oportunidades actuales para voluntarios en Estados Unidos o en otros países. FAAST recibe voluntarios para hacer investigación, escribir, diseño gráfico, repaso de la ley, organizar eventos y más.

Organice un grupo contra el tráfico sexual en su escuela o en su iglesia que se dedique a educarse, educar a los demás y apoyar a las organizaciones que trabajan con los problemas del tráfico de personas.

Tenga una reunión en su casa para que sus amigos vean una de las películas de la lista anterior. Hable de cómo el problema del tráfico de personas lo impacta a usted. Deles esta lista para emprender más acción.

Diseñe y distribuya camisetas o pegatinas con consignas contra el tráfico de personas.

Trabaje con las agencias existentes de servicio social para ayudar a los sobrevivientes del tráfico. Con frecuencia los sobrevivientes están en desesperante necesidad de comida, ropa, vivienda, intérpretes, atención médica, transportación, consejería para crisis y otros servicios.

Represente a un cliente. Muchas víctimas del tráfico de personas en Estados Unidos necesitan los servicios gratis de un abogado para poder ser certificadas como víctimas del tráfico de personas y solicitar la T-visa. Póngase en contacto con las agencias de servicio en su zona para ver cómo puede ayudar.

Haga una colecta de artículos para los paquetes que se mandan a los sobrevivientes. Colabore con los que ya ofrecen esos servicios para ver qué es lo que necesitan. Basándose en las condiciones culturales y climáticas, los tipos de artículos que se recogen podrían variar, por eso debe hablar de ello con los directores de los programas antes de mandarlos.

Luche contra la demanda de víctimas del tráfico sexual. Trabaje con su comunidad para arrestar a los compradores de sexo comercial, desarrolle programas disuasivos contra los ofensores sexuales, abogue por el cumplimiento de las leyes que se concentran en las víctimas, para así castigar a los perpetradores y proteger a las víctimas.

INFORME

Aprenda cómo identificar a las víctimas del tráfico de personas. **Busque** las señales de ese tráfico. **Esté alerta** a las indicaciones de ese tráfico. Con frecuencia a las víctimas las esconden a plena vista.

Si usted tiene información o sospecha de que hay esclavitud o tráfico cerca de usted, **infórmelo** por el teléfono rojo del U.S. Department of Health and Human Services Trafficking Information and Referral Hotline, (888) 373-7888 o al U.S. Department of Justice Trafficking in Persons Complaint Line, (888) 428-7581 o póngase en contacto con la oficina del FBI más cercana. Su llamada puede salvar vidas.

CONTRIBUYA

Exija productos "libres de esclavos". Compre alfombras que lleven el símbolo de Rugmark; café, té y cacao de comercio justo; compre en las tiendas de "comercio justo" como Ten Thousand

Villages; busque la etiqueta de Comercio justo (vea
www.fairtrade.net); pida a las tiendas que vendan
productos de comercio justo.

Haga preguntas difíciles acerca de sus inversiones.
¿Usted está seguro de que sus inversiones no tienen
nada que ver con la esclavitud laboral? Si no, pase
su dinero a un fondo ético que no reciba ganancias
de la esclavitud laboral. Visite las compañías
que investigan las inversiones éticas en el Open
Directory Project en http://dmoz.org/Business/
Investing/Socially_Responsible/Financial_and_
Investment_Advisors.

Pregunte a los directores de misiones de su iglesia
si están sosteniendo económicamente programas
u organizaciones contra el tráfico de personas. Si
no lo hacen, sugiera que usen sus recursos en los
ministerios contra el tráfico de personas.

Sugiera a su iglesia, u otro lugar de reunión,
que compre café de comercio justo en vez del
café más barato de origen desconocido para sus
momentos de compañerismo. Aprenda acerca
de las campañas de café basadas en la iglesia en
http://new.gbgm-umcor/work/hunger/fair-trade/
coffee/?search=coffee.

Haga una donación. Estados Unidos dio más de
$260 billones (de dólares) a las caridades en 2006

(75% de parte de donantes individuales), pero menos del 2,5% de ese dinero fue designado para el desarrollo internacional, incluyendo otros países y los esfuerzos contra el tráfico de seres humanos.

Usado con permiso de FAAST.

NOTAS FINALES

Statistics
1. U.S. Department of State, Office to Monitor and Combat Trafficking in Persons, "Trafficking in Persons Report: 2008."
2. U.S. Department of State, "2008 Human Rights Report: India" (February 25, 2009), www.state.gov.
3. UNICEF, "Child Protection Information Sheet: Commercial Sexual Exploitation" (2006), http://www.unicef.org/protection/files/Sexual_Exploitation.pdf.
4. Bureau of Democracy, Human Rights and Labor, "Human Rights Practices-India" (March 8, 2006).
5. U.S. Department of State, "Other Bilateral Economic Assistance" (2006), http://www.state.gov/documents/organization/60645.pdf.

Chapter 1
1. www.quotationspage.com.

Chapter 2
1. "President Announces Initiatives to Combat Human Trafficking," http://georgewbush-whitehouse.archives.gov/news/releases/2004/07/20040716-11.html.
2. Amy Carmichael, *Life Principles*, InTouch Ministries.
3. Shelly Ngo with Sanjay Sojwal, "Sleeping With the Goddess" (World Outreach Ministries), http://www.houseofrefuge-india.org/sleeping_goddess.html.
4. Ibid.
5. Ibid.

Chapter 3
1. Vital Voices Global Partnership and NYU's Center for Global Affairs Public Forum (March 6, 2005).
2. U.S. Department of State, Office to Monitor and Combat Trafficking in Persons, "Trafficking in Persons Report: 2008.
3. U.S. Department of State, "Other Bilateral Economic Assistance" (2006), http://www.state.gov/documents/organization/60645.pdf.
4. Kevin Bales, *Disposable People: New Slavery in the Global Economy* (Los Angeles: University of California Press, 1999).
5. Kent Hill presentation to Consortium of faith-based initiatives on human trafficking (Washington, D.C., 2005).
6. Victor Malarek, *The Natashas: Inside the New Global Sex Trade* (New York: Arcade Publishing, 2003).
7. Bales, op. cit.

Chapter 4
1. Colin L. Powell, letter in "Trafficking in Persons Report," U.S. Department of State, Office to Monitor and Combat Trafficking in Persons, June 11, 2003.
2. David Helcher, "Child Sex Tourism," p. 3.
3. Sergeant Marcus Frank, *Asian Criminal Enterprises and Prostitution* (Special Investigations Unit Intelligence/Organized Crime, Westminster, Calif. Police Department). From an edited version of a paper presented at the 24th International Asian Organized Crime Conference held in Chicago, Illinois (March 25-29, 2002).

Chapter 5

1. www.quotationspage.com.
2. Swapna Majumdar, "Preteens in Indian Caste Forced Into Prostitution," *Women's enews* (April 2002), http://www.womensenews.org/story/the-world/020429/preteens-indian-caste-forced-prostitution.

Chapter 6

1. www.state.gov/secretary.
2. Holly Burkhalter, U.S. Policy Director of Physicians for Human Rights, in *Trafficking in Persons: A Global Review;* Hearing Before the Subcommittee on International Terrorism, Nonproliferation and Human Rights of the Committee on International Relations, House of Representatives. One Hundred Eighth Congress, Second Session, June 24, 2004, http://commdocs.house.gov/committees/intlrel/hfa94512.000/hfa94512_0.htm#FR5.
3. Ibid.
4. Amy Waldman, "On India's Roads, Cargo and a Deadly Passenger" (December 6, 2005), http://www.nytimes.com/2005/12/06/international/asia/06highway.html?ex=1291525200&en=d9e7bebfb6a5924d&ei=5088&partner=rssnyt&emc=rss.
5. "India's AIDS Children Shunned (Human Rights Group: Infected Kids Discriminated In Education, Healthcare)", http://www.cbsnews.com/stories/2004/07/28/world/main632654.shtml.
6. Ibid.
7. UNAIDS, the Joint United Nations Programme on HIV/AIDS, "Report on the Global AIDS Epidemic" (2006), p. 82.
8. Ibid, p. 81.
9. Ibid, p. 106.

Chapter 7
1. www.brainyquote.com.
2. Michael Horowitz, "How to Win Friends and Influence Culture," *Christianity Today* (September 2005).

Chapter 8
1. Remarks to Secretary's Open Forum (Washington, D.C., May 25, 2004), www.state.gov.

Chapter 9
1. www.quotationspage.com.

Chapter 10
1. www.stanford.edu/group/King.

Chapter 11
1. www.quotationspage.com.

SOBRE LOS AUTORES

David y Beth Grant han prestado servicio, junto con K.K. Devaraj, como los fundadores y visionarios de Proyecto Rescate. Su pasión por compartir su fe y por rescatar y restaurar a las víctimas del tráfico sexual los ha llevado a más de 30 países por todo el mundo. Juntos sirven en la Faith Alliance Against Slavery and Trafficking [Alianza de Fe Contra la Esclavitud y el Tráfico de Personas] (FAAST), con sede en Alexandria, Virginia. Por más de 30 años David y Beth han prestado servicio en India.

En sus primeros días en India, David prestó servicio al lado de Mark y Huldah Buntain en Calcuta. David es un orador y conferenciante de amplia demanda, y se le han otorgado muchos honores y premios. Gracias a sus esfuerzos, se han recaudado millones de dólares para proyectos de compasión y educación por todo el mundo.

Beth recibió su Ph.D. (Doctorado en Filosofía) en educación intercultural de Biola University y su M.A. (Maestría) en antropología cultural del Assemblies of God Theological Seminary [Seminario Teológico de las Asambleas de Dios], donde actualmente presta servicio en la junta de directores. Una conferenciante y oradora de renombre, ella ha coordinado conferencias nacionales para mujeres que están en ministerio, inspirándolas a cumplir con los propósitos de Dios para su vida.

David y Beth tienen dos hijas, Rebecca y Jennifer, quienes comparten la pasión de sus padres por rescatar a las víctimas de la esclavitud sexual.

UNA OPORTUNIDAD

❏ SÍ, quiero ayudar a rescatar a las jóvenes y a las niñas de la esclavitud sexual.

❏ $30 por mes proveerá refugio y cuido nocturno a un niño cuya madre está en la zona roja.

❏ $100 por mes proveerá de cuido a una víctima rescatada que vive en un Hogar de Esperanza.

❏ $1.000 por mes cubrirá los gastos de operación para un Hogar de Esperanza.

❏ $90.000 ayudará a establecer un Hogar de Esperanza.

Nombre _____

Dirección _____

Ciudad/Estado/Zip _____

Teléfono _____

Correo electrónico (email)_____

PROJECT RESCUE
P.O. Box 922 / Springfield, MO 65801 / 417-833-5564
www.projectrescue.com

Donaciones: Project Rescue, AGWM Acct. #6149520 (44)
Todas las contribuciones son desgravables según lo permita la ley.

PARA HACER UNA DIFERENCIA

PARA MÁS INFORMACIÓN

Contacto:

Project Rescue
P.O. Box 922
Springfield, MO 65801

417-833-5564

projectrescue@projectrescue.com
www.projectrescue.com